核心体能训练理论与实践研究

于海浩　著

中国海洋大学 出版社

CHINA OCEAN UNIVERSITY PRESS

·青岛·

图书在版编目（CIP）数据

核心体能训练理论与实践研究/于海浩著. ——青岛：
中国海洋大学出版社，2022.11
ISBN 978－7－5670－3367－2

Ⅰ．①核… Ⅱ．①于… Ⅲ．①体能－身体训练－研究
Ⅳ．①G808.14

中国版本图书馆 CIP 数据核字（2022）第 243839 号

HEXIN TINENG XUNLIAN LILUN YU SHIJIAN YANJIU
核心体能训练理论与实践研究

出版发行	中国海洋大学出版社		
社　　址	青岛市香港东路 23 号	邮政编码	266071
出 版 人	刘文菁		
网　　址	http://pub.ouc.edu.cn		
电子信箱	appletjp@163.com		
订购电话	0532-82032573（传真）		
责任编辑	董　超	电　　话	0532-85902342
印　　刷	北京虎彩文化传播有限公司		
版　　次	2022 年 11 月第 1 版		
印　　次	2022 年 11 月第 1 次印刷		
成品尺寸	170 mm×240 mm		
印　　张	11.5		
字　　数	176 千		
印　　数	1—1000		
定　　价	58.00 元		

如出现印装问题，请致电 010-84720900 与印刷厂联系。

前 言

随着社会发展和人们生活水平的不断提高，全民健身蔚然成风，成为一种新的文化现象和社会时尚，体能锻炼已逐渐成为人们日常生活中的重要内容。体能训练学是体育专业的重要课程，是一门涵盖运动训练学、运动生理学、运动生物化学、运动保健学、运动生物力学、运动营养学等学科知识的综合课程。为了更好地贯彻落实《全民健身计划纲要》，推动我国体育事业的发展，加强社会体育指导方面专业人才的培养，笔者特撰写了《核心体能训练理论与实践研究》一书。

本书共分八章，第一章从体能训练学的概念研究范畴入手，揭示建立体能训练学的依据，并对体能训练学的研究对象和研究方法进行分析；第二章为了研究体能训练的生理学基础，分别从耐力、力量、速度、柔韧性和灵敏性四个角度进行论述；第三章在前文的基础上分析提出了体能训练应遵循的基本原则，并对体能的锻炼方法提出了新的看法；第四章阐述了基础体能、运动体能、核心力量与功能性训练方面的测试和评价；第五章论述运动员的身体形态和身体机能的训练；第六章从儿童青少年角度入手，探究儿童青少年进行各类项目的体能训练方法；第七章重点阐释了体能训练中的营养与恢复的问题；第八章总体论述体能训练健康教育方面的知识。本书构思新颖、严谨，文字生动流畅，力求实现理论与实践的统一，对指导体能训练有现实意义和理论意义。

本书在撰写过程中，参考并借鉴了部分专家学者的研究成果和观点，笔者在此表示最诚挚的感谢！另外，由于时间和精力有限，书中难免存在疏漏和不足之处，恳请有关专家指正，以便将来对本书进行补充、修改，使之进一步完善。

于海浩

2021 年 10 月

目 录

第一章 体能训练学的概论

第一节 体能训练学的概念

体能训练是运动训练的重要内容，是发展运动员竞技运动能力的重要途径。要建立体能训练学的学科体系，必须首先明确体能训练学的概念。

人们对体能训练理论及基本概念的认识是一个历史的过程。早在远古时期，人类在与大自然的搏斗中所产生的原始体能活动，如攀登、跑步、跳跃、投掷、超越障碍和游水等，孕育了现代人类力量、速度、耐力、柔韧性、灵敏性等运动素质。随着人类社会的发展，在公元前776年至公元393年的古希腊奥运会时期，就已经出现了掌握一定训练知识的专业教练员。当时人们已懂得了运用负重练习来发展跳跃能力，用举重物来发展力量的方法。

到了近代，人们对体能训练的有关问题有了更多认识。1787年，德国学者P. 菲劳梅发表了《身体形成问题》，阐述了身体练习原理。1836年，德国的韦伯兄弟将力学实验引入运动人体的研究，写出了《人走步器官的运动力学》一书，对走、跑及其他运动结构进行了分析研究。1883年，法国的格拉朗热将生理学的知识应用于运动训练，发表了《不同年龄身体练习的生理学》，用生理学的有关原理阐述了体能练习的一些基本问题。

1896年现代奥运会兴起后，体能训练先后经历了四个发展阶段，即自然发展阶段（19世纪末至20世纪20年代）、新技术阶段（20世纪30年代至50年代）、大运动量阶段（20世纪60年代至70年代）、多学科综合利用暨科学训练阶段（20世纪80年代至今）。特别是在20世纪50年代至90年代，随着训练实践的不断发展，运动技术水平的不断提高以及新兴科学技术在体育领域的应用，新的训练理论、方法不断涌现，体能训练理论有了很大发展，先后形成了一般训练理论、项群训练理论和专项训练理论，运动员体能训练问题研究受到了普遍重视。

例如，"身体素质"一词来源于苏联。苏联的普拉托诺夫、加拿大的博姆帕、我国的过家兴以及西方一些国家的学者在其著作中都表述了这样的观点：身体（素质）训练是直接提高力量、速度、耐力、柔韧和协调性等运动素质的过程，是运动训练的重要组成部分，对运动水平的提高有促进作用。但是，由于历史的原因，人们的认识还落后于训练实践的发展。长期以来，许多运动训练研究者将体能训练看作单纯的身体训练。直到 20 世纪末，人们才对体能训练的问题有了新的认识。例如，董国珍等（2000）认为："体能指运动员机体的基本运动能力，是运动员竞技能力的重要构成部分。"柳伯力等（1999）认为："体能是指运动员为提高运动技战术水平和创造优异运动成绩所必需的各种身体运动能力的综合（1999）。"王兴等（1999）认为："体能即体力与专项运动能力的统称。"

根据上述观点和前人的认识，笔者认为体能是指运动员机体的运动能力，是竞技能力的重要组成部分，是运动员为提高技战术水平和创造优异成绩所必需的身体各种运动能力的综合。这些能力包括身体形态、身体机能、运动素质。其中运动素质是体能的最重要决定因素，身体形态、身体机能是形成良好运动素质的基础。体能训练是运动训练的重要组成部分，是结合专项需要并通过合理负荷的动作练习，改善运动员身体形态，提高有机体各器官系统机能的活动能力，充分发展运动素质，促进运动成绩提高的训练过程。它是运动员技术训练和战术训练的基础，并对运动员掌握专项技术、战术，承担大负荷训练和激烈比赛，促进身体健康，防止伤病以及延长运动寿命，都具有非常重要的意义。

鉴于目前许多国家还没有正式使用体能训练学的概念，在外来语和有关体育的词典中也没有看到有关体能训练学的词条，因此，笔者只能根据已有的认识和研究成果，结合体能训练实践提出自己的看法。

体能训练学是研究和揭示体能训练的一般规律和基本方法的一门综合性技术理论学科。它从整体上系统地研究和揭示体能训练全过程的一般规律，客观地反映体能训练的主要特征和基本要素，从而使体能训练更好地为运动员创造优异的专项运动成绩服务。

体能训练学是一门新兴学科。像其他新兴学科一样，具有开拓性、创造性以及研究新对象、发现新规律和为人们认识体能训练提供新知识的特点。然而这门学科尚处于形成阶段，这又决定了它的不成熟性，需要在实践中不断补充和完善。

作为一门新学科的体能训练学，应该是人们已有的全部体能训练知识的系统化和理论化，应该理论性和应用性相统一，且重应用。这就要求我们在建立这门学科时，既要有高度抽象的理论思维能力，又要有明确的应用目的，做到理论和应用兼而有之，并重在应用。总之，体能训练学既要包括能促进本学科发展的理论，又要能满足现代体能训练实践的需要，为体能训练理论和实践的发展服务。

第二节 建立体能训练学的依据

一、体育科学发展的必然趋势

体育科学从孕育到发展经历了漫长的历史过程。目前，体育科学的发展一方面高度分化，另一方面又高度综合，呈现出一体化的发展趋势。体育科学的不断发展，使体育科学体系中已经形成的学科达 70 门之多。从 1979 年到现在，国内外有关论述体育科学体系的文章中，已经有学者把体能训练列为体育的应用技术学科之列。此外，20 世纪 90 年代末国家体育总局有关体育院校的教学计划中，已把体能训练作为一门正式课程提出，并在某些层次的学生中上课。但直到现在，完整、系统地论述有关体能训练理论与方法的学科——体能训练学，还没有形成一个比较系统、完善的体系。因此，建立体能训练学的理论技术体系，是现代体育科学发展的必然趋势。

二、运动训练实践发展的迫切需要

现代运动训练实践有着非常丰富的内容，它的发展，给体育科研人员提出了许多亟须解决的课题。仅以运动员运动成绩的提高为例，就涉及 150 多种因素。而人们对体能训练的内容、价值、原则、素质发展的敏感期，以及身体形态、身体机能、力量、速度、耐力、柔韧、灵敏（协调能力）、运动素质转移、各项群运动员体能训练等问题还没有进行系统、深入研究。即使已有的一些研究，也还没有形成系统、严密的体系。对某些体能训练问题的研究还局限于一般化的描述阶段。而运动训练的内容又非常广泛，体能训练又是运动训练的重要组成部分，特别是现代竞技运动的迅速发展以及运动水平的不断提高，给运动员体能训练提出了许多新的课题，例如，发展运动员体能的生理学基础，力量与运动员自身激素水平的关系，肌肉收缩形式与发展力量的关系，发展各种力量、速度、耐力、柔韧、灵敏等运动素质的最有效途径与方法等。因此，从总体上去认识运动员的体能训练问题，建立体能训练学的学科体系，有助于人们科学地认识和研究体能训练的基本理论与方法，也为正确认识体能训练，更好地发挥其效能提供一定的理论依据。

三、训练理论研究的必然结果

体能训练是一个古老的问题，但人们对体能训练问题的系统认识和研究是在20世纪50年代以后。特别是20世纪70年代至90年代，一些体育发展水平较高的国家的学者，先后发表了一些有关身体训练的著作，或在有关训练理论的著作和文章中研究和探讨了与身体训练有关的体能训练问题。例如，苏联的扎图奥尔斯基、奥卓林、斯切诺娃、马特维耶夫、普拉托诺夫、古列维奇，加拿大的博姆帕，英国的狄克，美国的霍克，保加利亚的多勃雷夫等，在其撰写的著作和文章中，都探讨了有关身体训练的许多问题。我国学者在这方面也进行了不懈的努力。例如，过家兴（主编《运动训练学》，1986）、田麦久（主编《运动训练科学化探索》，1988；《运动训练学》，2000）对身体训练和发展运动素质的问题进行了比较深入的探讨。胡祖荣等（1992）也探讨了有关身体训练的问题。从1982年起，成都体育学院、天津体育学院、北京体育学院、上海体育学院、沈阳体育学院、西安体育学院、武汉体育学院等都先后开设了身体训练课程。有三所体育学院还编印了有关身体训练理论与方法的教材。这些教材或上述研究虽然还没有对体能训练问题从一门学科的角度进行全方位的、总体的论述，有些研究也缺乏内在的逻辑结构和严密的体系，但为体能训练学及其理论技术体系的建立打下了坚实基础。

第三节　体能训练学的研究对象

一门学科必须有自己特定的研究对象，这对于建立该学科的理论体系具有重要意义。

体能训练学的研究对象是整体化、综合化的体能训练现象，是体能训练的完整过程。体能训练的一般规律、原则、方法，发展身体形态、身体机能和各种运动素质的动作技术，各种运动素质与成绩之间的关系，各个运动系统、要素与运动成绩之间的内在联系，素质发展的敏感期，各运动项目运动员的体能训练，运动素质的转移等重要问题，决定了体能训练学是一个内在完整的技术理论体系。

建立体能训练学的技术理论体系，必须摆正体能训练与专项技术训练、战术训练、心理训练和智力训练的关系，必须明确体能训练学的内在逻辑结构。笔者认为，由于体能训练学的研究对象是体能训练的全过程，是各个系统、要素之间的内在联系，同时又是现代运动训练学中分化出来的一个重要内容，因此，它一方面具有自己特定的研究对象和研究方法，同时又要广泛借鉴和吸收其他学科与各个运动项目的研究成果，以充实自己的理论技术体系。可见，体能训练学既是体育的一门应用技术学科，又是现代运动训练的一个重要组成部分和分支。

体能训练学的研究对象，反映了这门学科理论技术体系的主要内容。

第一，体能训练的概念、任务、内容、价值、原则，体能训练与专项技术训练、战术训练、心理训练的关系，各种运动素质发展的敏感期等，构成人们对体能训练本质的基本认识。

第二，从身体形态、身体机能训练理论以及力量、速度、耐力、柔韧、灵敏等运动素质的概念、分类、基本特点、生理机制，发展这些素质的生物学理论与规律，肌肉工作形式与训练效果的关系，发展各种运动素质的基本要求、训练方法和技术动作等诸方面，系统地阐述和探讨体能训练的主要问题，构成体能训练的主要内容。

第三，通过各项群运动员体能训练的论述，揭示和探讨各运动项群（或项目）运动员的体能训练问题，有利于根据各项群（或项目）运动员的具体情况，结合专项特点进行体能训练。

第四，从运动素质转移的机制、运动素质转移的类型、运动素质转移的关系等诸方面，探讨和阐述运动素质转移的基本问题，有利于人们根据运动素质转移的基本规律合理利用运动素质转移的积极效果。

根据体能训练学的研究对象和特点，在研究中我们尽力遵循以下原则。

（1）整体性原则。体能训练学的研究对象是一个有机整体，是一门应用性很强的技术理论学科，应该既具有宏观的特点，又具有微观的特点。它的研究内容是全方位的、多方面的，而不仅仅是对体能训练某个侧面的认识。因此，体能训练学这门学科是从不同的方面和角度，对体能训练进行综合交叉的整体考察，以推动和实现体能训练理论与技术研究的突破。

（2）吸收和借鉴的原则。体育科学体系的建立，都是在吸收和借鉴其他学科研究成果的基础上，逐渐丰富和发展起来的。体能训练本身属于技术理论学科，要建立体能训练学的理论体系，就要广泛吸收和借鉴运动训练学、运动生理学、运动解剖学、运动生物化学、运动技术论等学科和各专项运动理论的研究成果及有益经验，这对于建立体能训练学的完整体系具有非常重要的意义。

（3）从实际出发的原则。应从现代体能训练发展的实际出发，把实际需要和可能结合起来，并不断丰富和完善体能训练学的基本内容，做到来自实践、指导实践、接受实践检验并为实践服务。

第四节　体能训练学的研究方法

辩证唯物主义作为一种深刻而卓越的哲学思想体系，无疑是指导我们进行科学研究的至关重要的方法论。辩证唯物主义强调世界的物质性、事物的普遍联系和永恒发展，以及矛盾的对立统一等重要观点。这些观点为我们认识世界、探索未知提供了坚实的理论基础和科学的思维方式。体能训练学的研究一方面要以辩证唯物主义的哲学方法论为指导，另一方面还要根据体能训练学的研究对象和特点，运用一些具体的研究方法。

一、逻辑法

逻辑，是客观历史在理论形态上的概括反映。而逻辑法，是通过概念、范畴及其关系的分析与综合、归纳与演绎，以逻辑的发展形式揭示事物发展规律的方法。一般说来，理论研究多用逻辑法。体能训练学的研究既要揭示体能训练的基本规律，又要扩大已有的知识范畴，要实现从"生动的直观到抽象的思维"（列宁《哲学笔记》，1993），就必须运用逻辑方法。只有这样，才能把感性认识上升到理性认识，才能在科学抽象的基础上得出正确的结论。

二、经验法

观察法、实验法、调查法、模拟法、仿生法等，属于科学研究中的经验法。例如，对体能训练动作、运动素质、运动素质发展的敏感期、各项群运动员的体能训练方法、体能训练与运动成绩的关系等的研究，要采用观察法、实验法、调查法；在借鉴运动生理学、运动生物化学、运动生物力学、运动训练学、运动技术论等和各项目运动员体能训练研究成果时，要运用移植法；对各种体能训练方法与发展运动素质的关系进行实验研究时，要运用模拟法和仿生法。

三、系统研究法

控制论、信息论、系统论、耗散结构论、协同论、突变论、系统工程方法等，构成了科学研究的系统研究法。体能训练本身就是一个多层次、多系列、内在完整的体系和开放系统，要在广泛的信息交流中使该学科的研究实现从无序到有序，从不够成熟到逐渐成熟。因此，系统研究法是体能训练学的重要研究方法。

四、综合研究法

体能训练是一个复杂的完整体系，如果对体能训练学的研究仍采用过去狭隘的单一研究方法，是难以取得成果的。因此，在研究中往往要采用多学科的、综合的研究方法。这些研究方法不仅包括逻辑法、经验法、系统研究法，而且包括文献资料研究法、数学研究法、预测研究法。广泛利用多学科的综合研究方法，是体能训练研究方法的重要发展方向。

第二章 体能训练的生理学基础

第一节 耐力训练的生理学基础

一、耐力及其评价指标

耐力是指人体持续运动的能力，是人体健康和良好体能的重要标志，同时也是影响生活质量和众多竞技项目尤其是耐力性项目运动成绩的重要因素。耐力的分类有多种方法，按照耐力与运动专项间的关系，通常分为一般耐力和专项耐力；按照耐力运动所涉及的人体主要器官和系统，分为肌肉耐力和心肺耐力；而按照运动时供能代谢的特点，则可分为有氧耐力和无氧耐力等。

耐力评价指标通常依照耐力分类方法而有所不同。一般耐力通常以持续完成运动的时间或距离加以判断，如常用的耐力跑的时间或 12 分钟跑的距离等；有氧耐力和心肺耐力通常与个人的最大摄氧量和无氧阈有密切关系，因此常以这两项指标进行评价；无氧耐力一般以无氧性运动的成绩结合血乳酸浓度的变化加以评价；而肌肉耐力通常依据肌肉完成规定强度的练习次数、平均做功能力或者表面肌电信号平均功率频率变化斜率等物理和生理指标进行检测与评价。

二、影响耐力的生理学因素

耐力受多种因素的影响，除与个体个性心理特征、运动技能水平和战术应用等有关以外，还包括以下几个方面。

（一）有氧耐力

1. 氧运输系统的功能水平

氧运输系统由呼吸、血液和循环三部分组成，主要完成氧气、营养物质和代谢产物的运输功能，是决定有氧耐力的核心因素。氧运输系统的功能水平即最大氧运输能力主要取决于血液的载氧能力和心脏的泵血功能。血液载氧能力与血红蛋白含量的高低有关，1 克血红蛋白可以结合 1.34 毫升氧气，血红蛋白含量越高，血液结合的氧气就越多。一般成年男性每 100 毫升血液血红蛋白含量约为 15 克，血氧容量约为 20 毫升，女性和少年儿童的不及成年男性的。耐力项目优秀的运动员的血红蛋白含量通常比一般人或其他项目的运动员高，每 100 毫升血液可超过 16 克，因此其血液的载氧量也比一般人多。心脏的泵血功能主要表现为最大心排血量（即心脏每搏输出量与心率的乘积）。最大心排血量越大，外周肌肉组织单位时间内获得的血流量越多，氧气的运输量也越大。运动生理学研究发现，优秀的耐力性项目运动员的心室腔容积和心室壁厚度都较非耐力性项目运动员和一般人（非运动员）大（图 2-1）；心脏每搏输出量为 150～170 毫升，一般人为 100～120 毫升。此外，优秀耐力选手的心肌收缩力也较大，射血速度也较快，运动时心率即使高达 200 次/分钟，每搏输出量仍不减少，这些都是因为其具有较高的氧运输功能的生理学基础。评价氧运输系统的功能水平的生理学指标：以最大摄氧量为例，一般人最大摄氧量的相对值为 50～55 毫升·千克$^{-1}$·分钟$^{-1}$，而优秀的越野滑雪运动员最大摄氧量可高达 94 毫升·千克$^{-1}$·分钟$^{-1}$。

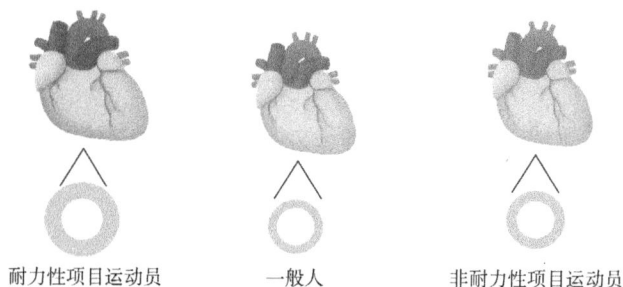

耐力性项目运动员　　　　一般人　　　　非耐力性项目运动员

图 2-1　耐力性项目运动员、一般人（非运动员）和非耐力性项目运动员心脏形态比较
（圆环的宽度表示心室壁的厚度）

2. 骨骼肌的氧利用

当毛细血管血液流经肌肉组织时，肌肉组织可以从中摄取和利用氧气。生理学研究表明，肌肉组织摄取和利用氧气的能力主要与肌纤维类型及其有氧代谢能力有关，I 型肌纤维比例高，有氧代谢酶活性高，肌肉组织摄取和利用氧气的能力也强。优秀的耐力项目运动员慢肌纤维百分比高，线粒体数量多，有氧氧化酶活性高，毛细血管分布密度大，因此其摄取和利用氧气的能力比较高。目前认为，心排血量是影响有氧耐力的中心机制，而肌纤维类型的百分比构成及其有氧代谢能力则是决定有氧耐力的外周机制。

一般认为，无氧阈能够在一定程度上反映运动时骨骼肌的氧利用能力，以无氧阈的最大摄氧量相对值表示法为例，比值越高，反映肌肉的氧利用能力越强。一般人的无氧阈约为最大摄氧量的 65%，而优秀耐力性运动员的无氧阈可超过最大摄氧量的 80%。

3. 神经系统的调节能力

耐力运动要求运动员的神经系统具有长时间保持兴奋和抑制节律性转换以及运动中枢与内脏中枢的协调活动能力，借以保持肌肉收缩和舒张的良好节律以及运动器官和内脏器官活动之间的协调和配合。研究表明，耐力训练能够有效改善神经系统的调节功能，使其活动更加适应耐力运动的需要，这正是耐力运动员能够坚持长时间运动的生理学原因之一。

4. 能量供应

耐力运动的能量绝大部分来自肌糖原和脂肪的有氧氧化。研究表明，肌糖原含量不足可以明显影响耐力运动的成绩；相反，增加肌糖原储备、提高有氧氧化的能量利用效率、节约肌糖原利用以及提高脂肪利用比例等均能够有效地提高机体的耐力水平。

5. 年龄与性别

发育过程中，以最大摄氧量绝对值表示的机体最大摄氧能力随年龄的增长而增加，男生约在 16 岁、女生约在 14 岁时达到顶峰。14 岁时，男女最大摄氧量绝对值的差异约为 25%，16 岁时高达 50%。但若以相对值"毫升·千克$^{-1}$·分钟$^{-1}$"表示，男生在 6~16 岁最大摄氧量稳定在 53 毫升·千克$^{-1}$·分钟$^{-1}$ 水平，而女生则从 52.0 毫升·千克$^{-1}$·分钟$^{-1}$ 逐渐下降到 40.5 毫升·千克$^{-1}$·分钟$^{-1}$，这一差距可能与女性体内脂肪贮量随年龄增长的速度快于男生有关。25 岁以后，最大摄氧量以约每年 1% 的速度递减；55 岁时，最大摄氧量较 20 岁时平均减少约 27%。

6. 能量利用效率

能量利用效率是指单位耗氧量条件下的机体做功能力。研究表明，多数耐力性项目运动员运动成绩的差异，65% 是由于能量利用效率的差异造成的。如考斯蒂尔的一项研究发现，两个最大摄氧量相对值相同的马拉松运动员，在跑马拉松时均使用了 85% 的最大摄氧量，但其中一人的能量利用效率高，结果比赛成绩比另外一人快了 13 分钟。

（二）无氧耐力

1. 骨骼肌的糖的无氧酵解供能能力

无氧耐力的主要能源来自肌糖原的无氧酵解，后者主要受肌纤维百分比构成和糖酵解酶催化活性的影响。研究表明，从事不同代谢性质的运动项目训练的运动员，其肌纤维百分比构成和糖酵解酶活性有明显的项目特征（表 2-1），说明以上两项因素在决定无氧耐力方面发挥了重要作用。

表 2-1　不同竞赛项目运动员的肌纤维百分比构成和糖酵解酶活性的比较

项目	肌纤维百分比构成/%	乳酸脱氢酶/微当量/（克/分钟）	磷酸化酶/微当量/（克/分钟）
男子短跑	24.0	1287	15.3
男子中长跑	51.9	868	8.4
男子长跑	69.4	764	8.1
女子短跑	27.4	1350	20.0
女子中长跑	60.0	744	12.6

2. 对酸性物质的缓冲能力

肌肉糖酵解可以产生大量的氢离子，它们可以在肌细胞内大量累积，还可以扩散到血液中，从而造成肌肉和血液中的酸性物质增加，干扰细胞内和人体内环境的理化性质。人体肌肉和血液中都存在着中和以上酸性物质的缓冲物质，它们是由弱酸（如碳酸）以及弱酸与强碱生成的盐（如碳酸氢钠）按一定比例组成的混合液，具有缓冲酸、碱物质，保持 pH 相对恒定的作用。研究表明，经常从事无氧耐力训练可以提高机体的耐酸能力，从而提高无氧耐力。但是，目前还没有研究证据表明无氧耐力训练能够提高机体的酸碱缓冲能力。专家推测，运动员耐酸能力的提高可能是运动训练强化了他们对"酸性物质引起的心理不适感"的耐受能力所致。

3. 神经系统对酸性物质的耐受能力

肌肉和血液中的缓冲物质能够在一定程度上缓解酸性物质在体内的快速累积，但是最终无法阻止肌肉和血液的 pH 向酸性方向发展。安静状态下人体血液的 pH 平均为 7.4，骨骼肌细胞液的 pH 为 7.0 左右。剧烈运动时，骨骼肌细胞内和血液的 pH 均可能发生明显变化，骨骼肌细胞液的 pH 可能降到 6.3，血液的 pH 可能降到 7.0 左右。研究表明，神经系统对运动肌的驱动和对不同肌群活动的协调作用是影响无氧耐力的一个重要因素，大量酸性物质能够影响神经系统的上述功能，从而影响运动过程中运动单位的激活和中枢控制的协调性。因此，经常从事无氧耐力训练，可以提高神经系统对酸性物质的耐受能力。

三、耐力训练应注意的生理学问题

（一）耐力训练的生理负荷强度

从运动生理学理论出发，有氧耐力训练的目的在于提高机体的最大氧摄取和利用能力，无氧耐力训练的目的在于提高机体的糖的无氧酵解供能和酸性物质耐受能力，而实现以上训练目的最重要的因素是合理制定和控制耐力训练的生理负荷强度。一般情况下，有氧耐力训练生理负荷强度的制定通常是以刺激心脏做功、增强泵血功能和提高外周肌肉氧利用能力为依据的。在以发展一般耐力或者改善心肺功能为目的的健身运动中，生理负荷强度一般控制在个人最大摄氧量的 $60\%\sim80\%$、最大心率的 $70\%\sim90\%$ 或者心率储备最大心率与安静状态心率之差）的 $60\%\sim80\%$，而以增强有氧运动能力和提高有氧耐力成绩为目的的竞技运动训练时生理负荷强度通常稍大一些，控制在个人最大摄氧量的 $80\%\sim90\%$。最大摄氧量、最大心率和心率储备之间的关系参见表 2-2。而改善无氧耐力最适宜的生理负荷强度通常以长时间保持较高水平血乳酸浓度为判别依据，一般以持续时间为 0.5～2 分钟的最大运动负荷运动，辅以适当间隔的间歇训练法进行训练。

表 2-2　最大摄氧量、最大心率和心率储备之间的关系

类别	最大摄氧量/%	最大心率/%	心率储备/%
1	50	50	66
2	55	55	70
3	60	60	74
4	65	65	77
5	70	70	81
6	75	75	85
7	80	80	88
8	85	85	92
9	90	90	96

（二）耐力训练期间的营养

营养是维持正常人体生命活动和健康的重要物质基础，也是促进运动员身体

机能恢复的有效手段。耐力训练具有持续时间长、热量与各种营养物质消耗大和体内代谢过程比较稳定的特点。其中，耐力训练的能量代谢通常以有氧氧化为主，肌糖原的消耗量比较大，蛋白质分解代谢加强，氨基酸转变为葡萄糖的速度加快，脂肪供能的比例随运动时间的延长而增加。因此，食物中应注意加强糖类物质的补充，相应增加维生素 B、维生素 C 和各种矿物质的摄入，还应含有适量的脂肪以缩小食物体积和减轻消化道负担。

（三）呼吸肌疲劳与耐力运动成绩

人的呼吸肌可分为吸气肌和呼气肌。吸气肌主要有膈肌、肋间外肌和胸锁乳突肌；呼气肌主要有肋间内肌和腹肌，另外还有辅助呼吸肌包括颈部、背部及肩带肌肉。正常人在安静状态下吸气是主动的，呼气是被动的，而运动过程中用力呼吸时吸气和呼气都是主动进行的。正常吸气时，膈肌所起的作用占吸气肌的60%～80%，因此膈肌是最主要的呼吸肌。

呼吸肌是肺呼吸运动的动力泵。大量研究发现：与四肢骨骼肌一样，呼吸肌在一定条件下也会疲劳，表现为呼吸肌收缩力下降，收缩速度减慢。而有针对性地进行呼吸肌耐力训练，不仅可以提高呼吸肌的抗疲劳能力，还能有效改善人体耐力运动的成绩。目前研究认为，通过对呼吸肌耐力的训练，改善耐力运动成绩的生理机制主要表现在以下两个方面：一是呼吸肌耐力训练能够有效改善呼吸肌的有氧代谢能力，提高氧气利用效率，从而使运动时分流到呼吸肌的血流减少，增加主要运动肌的血液供应；二是呼吸肌耐力训练能够提高其对血乳酸的摄取和利用，从而使运动时血乳酸浓度降低。

（四）高原训练与耐力

高原训练是一项直接和间接利用高原缺氧对机体氧运输和代谢等功能的影响来提高人体运动能力的有效训练手段。高原训练始于 20 世纪 50 年代，早期的高原训练主要是让运动员直接置于高原缺氧环境之中进行训练，以提高身体运动能力。之后，为有效克服高原训练所造成的运动员过度疲劳、肌肉萎缩和训练强度低下等缺点和不足，有人提出了一些新的高原训练理念和方法。例如，在平原地区进行的各种仿高原训练和高住低训等。虽然目前学术界对于高原训练能否有效提高最大摄氧量还存有争议，但是运动生理学的研究发现，它能够有效增加血液红细胞数量、提高血红蛋白含量、改善心脏泵血功能和提高骨骼肌无氧代谢能力。

(五) 主要耐力训练方法

1. 持续训练法

持续训练法是发展耐力，尤其是有氧耐力的主要方法。持续训练法的特点是练习时间长且不间断、运动强度适中而运动负荷相对较大。根据训练中练习强度的保持情况，持续训练法还可以进一步分为匀速训练法和变速训练法两种。前者的练习强度基本保持不变且一般保持在有氧代谢范围之内，此时的心率在150～170 次/分钟，练习持续时间在 20 分钟以上，这种方法常被用于一般有氧耐力训练；后者是在较长时间的持续运动中，有规律地变换练习强度的耐力训练方法，一般的强度变化范围是在个人最大强度的70%～95%，此时心率为140～180 次/分钟。在采用这种训练方法时，如果练习强度处于有氧代谢范围内，其训练效果与匀速训练法相同；而当练习强度超过有氧代谢范围时，则对发展无氧耐力有较好的作用。

2. 间歇训练法

间歇训练法是指在两次练习之间安排适当的间歇休息，在身体机能尚未完全恢复的情况下开始下一次练习的训练方法。由于间歇训练法对练习强度、重复次数、训练组数和间歇休息的时间和方式均有严格的规定，且身体机能始终处于较高活动水平，所以这种训练对机体氧运输系统活动和能量代谢过程均有较大的影响，是发展耐力素质的常用方法。采用间歇训练法进行耐力训练时，如果练习强度在有氧代谢范围内，主要用于发展有氧耐力；如果运动强度超过有氧代谢，则主要用来发展无氧耐力。以发展无氧耐力为例，练习的持续时间一般为 0.5～4 分钟，练习强度接近比赛强度，练习的间歇休息时间要短，以保证机体在尚未完全恢复的情况下重复练习。完成这类间歇训练时，神经肌肉系统可以在高乳酸浓度状态下进行长时间工作，从而有助于发展其耐受乳酸和抗疲劳的能力。

3. 重复训练法

重复训练法是一种反复多次进行同一练习的运动训练方法。与间歇训练法一样，该方法也在每次练习之间安排休息间歇。但是与间歇训练法不同的是，重复训练法要求运动员在间歇休息期间身体机能完全恢复后再开始新的练习。重复训练中练习强度、练习次数和运动负荷的控制取决于训练的目的，发展有氧耐力的重复训练练习强度多在有氧代谢范围内，而发展无氧耐力的多在无氧代谢范围内。多数情况下，重复训练法主要用于发展无氧耐力，原因是重复训练法的间歇休息时间长，运动员的身体机能恢复充分，能够承受较大强度的运动。但是，由于一次又一次的重复练习是在体内堆积的乳酸已经大部分被消除的情况下进行的，所以对改善运动员耐受乳酸能力的作用不及间歇训练法。

第二节　肌肉力量训练的生理学基础

一、肌肉力量及其检测与评价

肌肉力量，简称肌力，是指肌肉收缩时依靠肌紧张来克服和对抗阻力的能力。肌力的表现形式与肌肉的收缩形式有关，如果肌肉收缩时长度不变且产生的张力等于外部阻力，此种形式的肌肉收缩叫等长收缩；如果肌肉收缩时长度变短，但肌肉的张力保持不变，这种形式的肌肉收缩叫等张收缩；如果肌肉在其活动范围内以恒定速度进行最大收缩，这种形式的肌肉收缩叫等速收缩。等长收缩、等张收缩和等速收缩条件下肌肉克服和对抗阻力的能力被定义为等长肌力、等张肌力和等速肌力，它们是肌肉收缩功能评价的主要生理学指标。

等长肌力，又称静态肌力，简称静力，在体育活动和日常生活活动中发挥重要作用，是常用的肌力评价方法，如竞技体操的"十字支撑"和"直角支撑"、武术的"站桩"、日常生活中的"静坐"等。等长肌力测定主要包括握力、背力、臂力和腿部力量等的测定。常用的测定手段主要包括握力计、背力计和钢索测力计。

等张肌力，俗称动态肌力，由等张收缩得名。严格地讲，人体肌肉对抗阻力收缩时，由于关节角度、收缩速度等因素的变化，在整个运动范围内，肌肉以同样的力量进行收缩是不可能的，即不存在严格意义上的等张收缩，更谈不上严格意义上的等张肌力。然而，由于习惯，目前人们仍使用这一术语反映动态肌力。在运动训练和肌力评价中，常用的等张肌力测定包括握推、挺举、负重蹲起等的测定，而等张肌力的评价通常以能够一次成功举推的最大重量，即 1 次重复重量（One Repetition Maximum，1RM）的大小表示。

等速肌力是 1969 年由希斯洛普和佩林提出并建立的一种关节运动速度恒定而外加阻力呈顺应性变化的动态运动概念和动态肌力评价方法。测试时等速肌力测试仪所产生的阻力与肌肉收缩的实际力矩输出相匹配，从而使肌肉在整个关节活动范围内或处于各种不同角度时均能承受相应的最大阻力，产生相应的最大张力和力矩输出。其中，在整个关节活动范围内最大力矩输出的一点可以反映肌肉的最大动态收缩力。利用等速肌肉力量测试系统评价肌肉力量通常是在慢等速（60 度/秒）和快等速（180～300 度/秒）两种条件下进行的，前者主要用于评价最大肌肉收缩力量，后者用于评价肌肉耐力。

二、影响肌肉力量的生理学因素

（一）最大肌肉横断面积

最大肌肉横断面积是指横切某块肌肉所有肌纤维所获得的横断面面积，是由肌纤维的数量和粗细来决定的，通常用平方厘米来表示。据研究，最大用力收缩条件下人体每平方厘米横断面积的肌肉可以产生 3～8 千克的肌力。因此，一般条件下最大肌肉横断面积越大，肌肉力量也越大，两者接近正比例关系。力量训练可以提高肌肉力量，原因之一就是可以增大肌肉横断面积。然而，肌肉横断面积作为影响肌肉力量的因素之一并不能完全解释力量训练中所表现出的所有生理学现象。例如，研究发现力量训练引起男、女性肌肉力量的增长百分比相似（20%～40%初始水平），但是女性肌肉体积的增加不及男子；力量训练可以使儿童和老年人肌肉力量明显增加，但是不伴有肌肉体积等比例增加；此外，力量训练具有明显的"交叉转移"现象，即一侧肢体的肌肉力量训练不仅可以引起被训练的肢体肌肉力量增强，还可以使对侧未被训练的肢体肌肉力量增加。以上事实说明，肌肉横断面积或者肌肉体积本身不是决定肌肉力量大小的唯一生理学因素。

（二）肌纤维类型

骨骼肌纤维可依据其收缩的特性不同分为快肌和慢肌纤维两大类。其中快肌纤维较慢肌纤维能产生更大的收缩力。因此，骨骼肌中快肌纤维百分比高及其横断面积或直径大的人，肌肉收缩力量也大；而慢肌纤维百分比高的人则肌肉力量较小。一般情况下，人体四肢肌肉的快、慢肌纤维类型百分比构成大致相等，但因受遗传和后天训练因素的影响，耐力性项目运动员的肌肉通常含有较高比例的慢肌纤维，而短跑和爆发力项目的选手拥有较多的快肌纤维。此外，研究发现：在力量训练的影响下，快肌和慢肌的纤维横断面积和收缩力量均可以发生相应的增加，但是快肌纤维增加的速度快于慢肌，因此具有更好的力量训练适应性。

（三）肌肉初长度

人的肌力大小与肌肉收缩前的初长度有关。在一定范围内，肌肉收缩的初长度越长，则肌肉收缩时产生的张力和缩短的程度就越大。这一方面是因为肌肉拉长时，肌梭将感知肌纤维长度变化产生冲动，通过牵张反射机制提高肌纤维回缩力来对抗拉力；另一方面，肌肉本身是一种弹性组织，在受到快速牵拉时具有弹性回缩的作用。在运动实践中，如挺举前的下沉动作，扣球前做背弓动作时的体前肌群预先拉长，投掷前做超越器械动作时，体前肌群的主动拉长，以及做踏跳、推手、落地等动作前主动肌的预先被动拉长等均是通过有效利用该因素的作用而获得更大的收缩力。

（四）神经因素

1. 中枢驱动

中枢神经系统动员肌纤维参加收缩的能力称为中枢驱动。人体肌肉在进行最大用力收缩时，并不是所有的肌纤维都同时参加收缩，动员参与活动的肌纤维数量越多，则收缩时产生的力越大。缺乏训练的人只能动员肌肉中60%的肌纤维同时参加收缩，而训练水平良好的人可以动员肌肉中90%以上的肌纤维同时参加收缩。中枢驱动的作用主要表现为支配肌肉的运动神经元放电频率及其同步化的变化。研究表明，力量训练能够有效提高运动神经元的放电频率，从而增强中枢驱动能力。

2. 神经中枢对肌肉工作的协调和控制能力

运动中完成一个最简单的动作需要许多块肌肉共同来实现。不同的肌肉群是由不同的神经中枢支配而进行工作的，不同神经中枢之间的协调关系得到改善，就可以提高主动肌与对抗肌、协同肌、固定肌之间的协调能力，使上述肌肉群在参加工作时能各守其职，协调一致，发挥更大的收缩力量。此外，近年来研究还表明，受力量训练的影响，主动肌运动单位活动的同步化程度也可以明显提高，从而使肌肉收缩产生更大的力量。

3. 中枢神经系统的兴奋状态

中枢神经系统兴奋性提高，即情绪高度兴奋时，会导致肾上腺素、乙酰胆碱等其他一些生理活性物质大量释放，这也是影响肌肉力量的重要因素。人在极度激动或危险紧急情况下，发挥超大力量的现象已众所周知。生理学家认为，这种现象可能是因为情绪在极度兴奋时，肾上腺素分泌大量增加，使肌肉的应激性大大提高，同时更重要的是神经中枢发出了强而集中的神经冲动，迅速动员"储备力量"，从而使运动单位成倍地"同步动员"并投入"工作"。

神经因素在力量训练引起肌肉力量增加方面的作用主要表现在儿童少年时期和力量训练适应过程中。研究发现，儿童少年时期肌肉体积的增长速度落后于肌肉力量的增加；儿童少年运动员在力量训练引起肌肉力量增大的同时，肌肉体积没有产生相同程度的变化。以上事实说明神经系统功能的完善在肌肉功能的发育方面发挥了重要的作用。此外，在力量训练早期，肌肉力量增加的同时并未伴有肌肉体积明显的增加，而在力量训练后期，肌肉力量的增加则更大程度上受肌肉体积的影响，这说明在力量训练的早期和晚期人体具有不同的适应机制。

（五）年龄和性别

1. 年龄

力量素质的发展有着明显的年龄特征。一般规律是，在 10 岁以前，随着人体的生长发育，男、女生肌肉力量一直缓慢而平稳地增长，两者区别不大。从 11 岁起，男、女生的最大肌肉力量的差异开始明显增大，男生增长稍快而女生增长缓慢。青春期过后，肌肉力量仍在增长但增长速率很低。女生达到最大肌肉力量在 20 岁左右，男生则在 20～30 岁。40 岁以后，人体大部分肌肉力量开始衰退。到了 70 岁时，人体多数肌肉的力量只有其鼎盛时期的 30%～60%。

力量素质发展的敏感期是 13～17 岁，此时期最大力量进入快速增长的第一个高峰。这个年龄段力量的增长与体重的增长同步，而且最大力量增长快，相对力量却增长不大。这时的肌肉纵向增长比横向增长要快，因为此时也正是身高的快速增长期。16～17 岁是最大力量快速增长的第二个高峰。这时肌肉横向增长的速度加快了，最大力量和相对力量增长均很快，这是发展力量素质最重要的时期。18～25 岁，力量增长变得缓慢。

青少年阶段力量素质的增长有以下特点：快速力量先于最大力量；最大力量

先于相对力量；躯干肌肉力先于四肢肌肉力。

2．性别

以绝对肌力大小表示肌肉力量，女性上肢肌力较男性低约 50%，下肢肌力低约 30%；而以相对值表示，则男、女性肌力均为 3～8 千克/平方厘米，无明显性别差异。显然，肌肉力量绝对值的性别差异主要由肌肉生理横断面积或全身肌肉数量多少的性别差异等因素所决定。

（六）雄性激素水平

肌肉力量大小与雄性激素水平有关，雄性激素可以促进体内蛋白质合成，使肌肉肥大。雄性激素是由男性的睾丸和肾上腺皮质分泌的，女性肾上腺皮质和卵巢也有少量分泌。雄性激素在人体内分泌的量具有个体差异，故可在一定程度上造成不同年龄、性别人群肌肉力量大小的不同。

三、力量训练应注意的生理学问题

（一）力量训练的超负荷问题

超负荷是肌肉力量训练的一个基本原则，不是指超过本人的最大负荷能力，而是指力量训练的负荷应不断超过平时采用的负荷，其中包括负荷强度、负荷量和力量训练的频率。超负荷力量训练能够不断对肌肉产生较大的刺激，从而使其产生相应的生理学适应，导致肌肉力量增加。研究指出，力量训练的超负荷是一个持续的过程。以某人用杠铃进行弯举为例，如果该人训练前能将 40 千克的杠铃最多举起 8 次（8RM），而经过一段时间的力量训练后举起次数增加到 12 次，这时就应该增加力量负荷的强度，这就是人们常说的"负荷8，练到12"。一般情况下，力量训练初期或者力量较弱的人，发展一般力量的练习强度可参考"负荷10，练到15"或"负荷15，练到20"。发展肌肉最大力量的练习强度可依据"负荷1，练到5"的原则加以确定。

（二）力量训练方法的特异性问题

力量训练方法的特异性是指进行训练的人的肌肉对不同收缩性质和练习模式的力量训练产生特定反应或者适应的生理学现象，是影响力量训练效果的一个重要因素。力量训练过程中的肌肉活动的性质和模式与所从事的运动专项特点不一致，对神经系统协调能力以及局部肌肉生理、生化特征的影响也不同。因此，发展肌肉力量的抗阻练习，应包括直接用来完成某一技术动作的全部肌群，并尽可能使肌肉活动的类型、肌肉收缩速度、力量练习的动作结构以及时间-动作关系与专项力量和专项技术的要求相一致。

（三）力量训练的安排

力量训练的强度、运动负荷和训练频率应符合年度训练计划和比赛的要求。依据著名运动训练学家马特维耶夫的周期训练理论，在年度周期计划中，准备期的力量训练量最大，训练强度较低；而在比赛期的力量训练量减小，训练强度增大（图 2-2）。

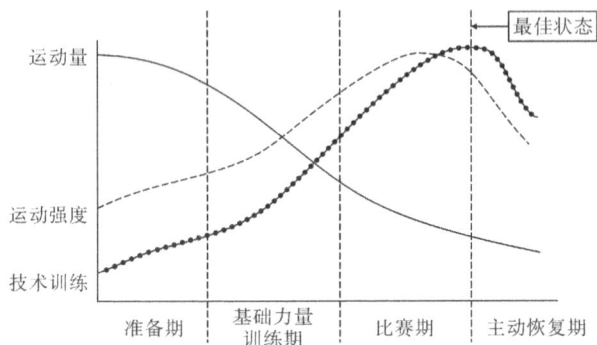

图 2-2 马特维耶夫的周期训练理论模式图

（四）各种力量训练方法的生理学特点

1. 等长力量训练法

肌肉收缩而长度不变的对抗阻力的力量训练方法叫作等长力量训练法，又叫静力训练法。应用这种肌力训练方法时，可以使肌肉在原来静止长度上做紧张用力，也可以在缩短一定程度上做紧张用力。等长力量训练法的优点是肌肉能够承受的运动负荷重量较大，因此是发展最大肌肉力量的常用方法。此外，等长练习时神经细胞长时间保持兴奋，有助于提高神经细胞的工作能力；等长练习时肌肉对血管的压力增大，影响肌肉的血液和氧气供应，从而对肌肉无氧代谢能力的提高、肌红蛋白含量的增加和肌肉毛细血管的增生等均有良好的影响。但等长练习时肌肉缺乏收缩和放松的协调，练习也相对枯燥无味。此外，研究表明，等长力量训练的效果具有明显的"关节角度效应"，即等长力量训练的效果仅局限于受训练的关节角度。因此，等长力量训练应根据运动员所从事的运动项目的特点，确定合理的关节训练角度，这样才能确保训练的效果。

2. 向心等张力量训练法

肌肉进行收缩和放松交替进行的力量练习方法叫作向心等张力量训练法，负重蹲起、负重提踵、卧推、挺举等均属于此类。向心等张力量训练法的优点是肌肉运动形式与多数比赛项目的运动特点相一致；此外，在增长力量的同时还可以提高神经肌肉的协调性。其缺点是力量练习中肌肉张力变化具有"关节角度效应"。

向心等张力量训练法的训练效果主要取决于训练负荷强度、重复次数和动作速度等因素。一般情况下，如果力量训练的目的是发展力量耐力，应采用低强度、高重复次数的训练，如 15～20RM（最多做 20 次）的负荷强度，每次练习2～3组；如果力量训练的目的是发展最大肌力，应采用高负荷强度、低重复次数的训练，如 1～6RM（最多做 6 次）的负荷强度，每次练习 2～3 组。

3. 离心力量训练法

肌肉收缩产生张力的同时被拉长的力量训练方法叫作离心力量训练法。它属于动态力量的训练方法，肌肉在负重条件下被拉长的动作均属于此类。研究发现，肌肉在进行离心收缩时所产生的最大离心张力比最大向心张力大 30% 左右，因此该力量训练方法能够对肌肉造成更大的刺激，从而更有利于发展肌肉横断面积和肌肉力量。离心力量训练法的不足之处是训练后引起肌肉疼痛的程度较其他方法明显，可能是离心收缩容易引起肌肉结缔组织损伤所致。

4. 等速力量训练法

等速力量训练法又叫等动力量训练法，是一种利用专门的等速力量训练器进行肌肉力量训练的方法。在进行等速力量训练时，等速力量训练器所产生的阻力是与用力的大小相适应的，只要练习者尽最大的力量运动，肢体的运动速度在整个运动范围内都是恒定的，而在此活动范围内的各个角度上，只要练习者尽全力运动，产生的肌肉张力也是最大的。因此，等速力量训练法事实上是一种可以使肌肉在整个活动过程中呈"满负荷"工作的力量训练方法。目前的研究认为，等速力量训练法是发展动态肌肉力量最好的训练方法之一。

5. 超等长力量训练法

肌肉在离心收缩之后紧接着进行向心收缩的力量训练方法叫作超等长力量训练法。运动训练中常用的多级跳和"跳深"等练习都属于此类方法。目前，超等长力量训练法主要用于爆发力的训练，其生理学依据是肌肉在离心收缩后紧接着进行向心收缩时，可借助肌肉牵张反射机制和肌肉弹性回缩产生更大的力量。此外，最近的研究还发现，在超等长练习之前先进行短暂的大强度负重刺激有助于更大程度地动员运动单位参与随后的运动，从而强化超等长训练的效果，这种练习方法叫作复合超等长力量训练。

（五）力量训练期间的营养安排

力量训练期间机体体内蛋白质代谢较快，同时热量消耗也较大。因此，对蛋白质与维生素 B$_2$ 的需求较高，特别是在训练早期，每千克体重的蛋白质的供应量应在 2 克以上，其中优质蛋白质不低于 1/3，热量百分比可达 18%。此外，为了保证神经肌肉系统的正常功能，应同时注意补充无机盐、糖和维生素 C。

第三节　速度训练的生理学基础

一、速度及其检测与评价

速度素质是人体的一种重要的身体素质，是指人体快速运动的能力。通常情况下主要表现为以下三种形式：反应速度、动作速度和位移速度。反应速度是指人体对各种刺激迅速做出反应的能力，通常以反应时的长短来表示，如听到枪声完成起跑的时间等；动作速度是指人体或人体的一部分完成单个动作或成套动作的快慢以及单位时间内重复动作次数多少的能力，如投掷运动员掷出器械的速度、排球运动员的扣球速度、跳高运动员的起跳速度、体操和武术运动员完成成套动作的速度以及拳击运动员在单位时间内的出拳速率等；而位移速度是指在周期性运动中，单位时间内人体快速位移的能力，通常以通过一定距离的时间或单位时间内所通过的距离来表示，如短跑运动员的跑速、跳高运动员的助跑速度等。在大多数运动项目中，上述速度素质的三种表现形式都会综合表现出来，但在不同项目中，三者的表现各有特点。

二、影响速度的生理学因素

（一）反应速度

1. 反射活动的复杂程度

反应速度的快慢表现为反应时间的长短，是指从感受器接受刺激到效应器做出反应所需要的时间。反应时间越短，反应速度越快。反应时间的长短主要取决于感受器的敏感度、中枢信息加工时间和效应器的兴奋性，其中，中枢信息加工最为重要。反射活动越复杂，中枢信息加工的时间越长，反应速度越慢。此外，反应时受遗传因素的影响也较大，遗传力超过75%；反应时的长短还与刺激信号的强度和注意力的集中程度与指向等因素有关。

2. 中枢神经系统的兴奋状态

中枢神经系统处于适宜兴奋状态下，反应速度较快；相反，如果运动员处于过度疲劳状态或者休息不好等影响中枢神经系统工作的各种条件下，反应速度将明显减慢。

（二）动作速度和位移速度

动作速度与位移速度的主要特点都是通过肌肉系统最大限度的快速活动，在最短的单位时间内完成所需要进行的工作。人体肌肉活动受一个人的体能、技能和心理能力等因素的影响，故影响动作速度、位移速度的因素也表现为多方面。

1. 能量供应

在人体三大代谢供能系统中，速度能力主要取决于磷酸原系统（ATP-CP系统）的无氧代谢供能能力。通过科学的训练改善ATP-CP系统的供能能力，有助于速度素质的提高。

2. 肌纤维类型的百分比构成

人体肌肉快肌纤维的百分比越高，快速运动的能力也越强。例如，速度性项目优秀运动员的快肌纤维的百分比明显高于耐力性项目运动员。研究发现，优秀的短跑运动员的快肌纤维的百分比可高达95%。

3. 肌肉力量

肌肉力量是引起人体加速度的原因，肌肉力量越大则加速度也越大，加速度越大则人体运动速度就越快。人体质量与人体加速度成反比，故要最大限度地提高人体加速度,则对力量的要求应更偏重于相对力量。相对力量越大,肌肉就越容易在运动时克服内、外部阻力,产生快速的收缩。因此,凡是能够影响相对肌肉力量的因素,也必将对动作速度和位移速度产生作用。

4. 神经系统功能特点

肌肉活动受神经系统的控制。运动生理学研究发现,运动技能越熟练,神经肌肉之间的协调性越好,神经过程的灵活性越高,动作速度和位移速度也越快。

5. 身体形态与发育

速度素质与运动员的身体形态也有一定的关系。一般认为,短跑运动员的身体坚实有力,不胖不瘦,下肢较长,跟腱较长而踝关节较细。而在发育方面,多数研究认为,7~14岁是发展速度素质的最佳时期。

三、速度训练应注意的生理学问题

（一）速度障碍

速度训练过程中,有些运动员的速度水平可能会由提高转为停滞不前,这种现象被人们称为"速度障碍"。速度障碍是影响速度发展的重要因素,一般认为其与单调和定型化的速度训练方法以及只注重速度的片面训练方法有关。突破速度障碍可以从以上两个原因入手,在训练中注意设计和运用新的训练手段、改变训练的方法、加强全面身体训练等,其中最为有效的方法是减小速度训练的外部阻力（如采用下坡跑、顺风跑和牵引跑等）,这种训练方法有利于中枢神经系统对肌肉运动的协调控制能力适应新的刺激,从而打破已有的动力定型,促进速度素质的提高。

（二）速度发展的敏感期

速度的发展与机体神经控制、肌肉力量等因素有关,因而受生长发育的影响。一般认为,反应速度自然发展的敏感期介于7~11岁,动作速度和位移速度的敏感期稍微滞后,为9~14岁。总之,7~14岁是速度能力自然发展的敏感时期,这一时期采取科学合理的训练方法有助于速度的提高。

（三）发展位移速度的生理学重点

从生理学角度出发,训练运动员的位移速度应全面考虑影响速度的各种生理学因素,同时兼顾年龄和性别差异。训练中,可采用科学合理的训练手段,重点发展 ATP-PC 系统和乳酸系统的供能能力，改善肌肉力量和肌肉运动的神经控制能力，重视全面身体训练在发展位移速度能力方面的作用。

第四节　柔韧性和灵敏性训练的生理学基础

一、柔韧性、灵敏性及其测量与评价

（一）柔韧性

柔韧性是对机体单个关节或者多关节活动范围的测度，由骨关节结构和肌肉、韧带以及关节囊的长度和伸展性等因素决定。柔韧性决定关节活动的范围并随年龄等因素而变化，因此近年来受到健康相关体能和运动训练的重视。

柔韧性从其外部运动形式可分为动力性柔韧性和静力性柔韧性。前者是指肌肉、肌腱、韧带根据动力性技术动作需要，拉伸到解剖学允许的最大限度的能力；而后者是指肌肉、肌腱、韧带根据静力性技术动作的需要，拉伸到动作所需要的位置角度，控制其停留一定时间所表现出的能力。从完成柔韧性练习的表现上看，柔韧性又分为主动柔韧性和被动柔韧性。主动柔韧性是人在主动运动中表现出来的柔韧素质水平；被动柔韧性则是在一定外力协助下完成或在外力作用下表现出来的柔韧素质水平。主动柔韧性不仅反映对抗肌的可伸展程度，而且反映主动肌的收缩力量。一般来说，主动柔韧性比被动柔韧性要差，这种差距越小，说明柔韧性的发展水平越均衡。此外，还可按柔韧性在身体不同部位的表现，分为上肢柔韧性、下肢柔韧性、腰部柔韧性、肩部柔韧性等。

柔韧性的检测方法因检测部位而有所不同，常用检测部位包括肩关节、髋关节和躯干。肩关节柔韧性通常采用双手背部"对指试验"，即以两大拇指在背部的双臂屈肘对指试验中的距离作为评价指标。髋关节柔韧性通常采用"仰卧单举腿试验"，即以两大腿最大夹角反映髋关节屈的活动范围。躯干柔韧性一般采用两种方法加以度量，一种是"立姿转体"试验，用于评价躯干旋转活动的范围；另外一种是"坐姿体前屈"，用以评价躯干屈的活动范围。后面一种方法的检测结果涉及髋、脊柱和肩关节等多个部位的柔韧性，因此常被作为评价全身柔韧性的评价指标。

（二）灵敏性

灵敏性是指人体在各种突然变换的条件下，快速、协调、敏捷、准确地完成动作的能力。它是人的运动技能、神经反应和各种身体素质的综合表现。日常生活以及球类、武术、散打、拳击、摔跤、击剑、体操等许多运动项目，都要求人体能够在客观环境急剧变化的条件下迅速表现出对动作的准确判断和及时的反应。快速敏捷的反应速度、高度的自我操纵能力以及迅速改变身体或身体某部位运动方向的能力等都是灵敏性的基本内容，因此灵敏性实质上是机体各个系统活动能力的综合反映。

二、影响柔韧性和灵敏性的生理学因素

（一）影响柔韧性的生理学因素

人体柔韧性的好坏主要取决于关节的骨结构、关节周围组织的体积和肌肉、韧带组织的伸展性影响，此外还与年龄和体温等有密切的关系。少年儿童的骨弹性好、可塑性大、关节韧带的伸展性好，因此柔韧性好。老年人骨弹性差、可塑性小、关节韧带的伸展性差，因此柔韧性也较差。此外，体温升高，肌肉黏滞性下降，肌肉和韧带的伸展性增加，因而关节活动范围增大。

（二）影响灵敏性的生理学因素

1. 大脑高级神经活动的灵活性

大脑皮层神经过程的分析综合能力和灵活性是指机体在内外环境发生变化的时候，能够迅速做出判断，并依此发动、制止或改变动作行为和其他功能反应的能力。它与人体运动技能巩固的程度和运动经验密切相关。运动技能越巩固或大脑皮层动力定型越完善，运动经验越丰富，分析和综合能力就越强，动作反应也越快速、越协调和灵活。

2. 感觉器官的功能

感觉器官具有为中枢神经系统提供体内外环境变化信息的功能，因此在决定灵敏性的好坏方面具有特殊的作用。研究表明，运动员的感觉器官不仅具有较好的敏感性，而且还有一定的运动项目特点。例如，体操运动员具有较好的本体感觉和位觉，篮球运动员具有较广阔的视野，乒乓球选手具有良好的速度判断和精确定位能力。

3．运动技能的熟练程度

灵敏是中枢神经系统控制机体迅速做出反应的一种身体能力，与机体自身已经掌握的运动技能数量及其熟练程度有关，运动技能越多且越熟练，大脑皮层的中枢联系就越快速和准确，动作反应也就越灵活。

4．其他

良好的灵敏素质需要其他身体素质的保障，力量、速度、耐力、柔韧性都是人体适应复杂环境变化迅速和准确做出反应的基础。此外，灵敏素质还受年龄、性别、体重和身体疲劳程度等多种因素的影响。一般认为，少年时期灵敏素质的发展最快，男生较女生灵活；青春期后，随着人体体重增加，肌肉收缩的负荷增大，反应速度减慢。另外在身体疲劳时，由于神经系统的功能和肌肉力量等下降，灵敏性也会有所下降。

三、柔韧性和灵敏性的训练方法

（一）柔韧性的训练方法

提高柔韧素质一般采用牵拉肌肉和结缔组织的方法，常用的方法有快速牵拉和缓慢牵拉两种，前者主要包括"踢腿""摆腿"等训练，后者包括"拉韧带"和"压腿"等。虽然这两种方法都能够有效地改善关节柔韧性，但易引起肌腱、肌肉和邻近部位组织的拉伤。因此，在进行此类训练前应做好充分的准备活动，合理控制柔韧性训练的强度，避免做一些危险性大的柔韧性训练。

（二）灵敏性的训练方法

灵敏素质是人体综合能力的反映。为了提高机体活动的灵敏性，应尽可能采取逐渐增加复杂程度的训练方式，也可以通过改变条件、器械等方式来增加技术动作的复杂性和难度。同时，还应着重培养和提高个体掌握动作的能力、反应能力、平衡能力、观察能力、节奏感等。在发展灵敏素质的过程中，应特别强调提高力量、速度、耐力和柔韧性等基本活动能力来发展灵敏素质。竞技体操、武术、技巧、滑冰、滑雪及各种球类运动项目等都是发展灵敏素质的有效活动。此外，在竞技运动训练中反复练习与专项动作性质相似的动作，也是发展专项灵敏素质的有效途径。

第三章 体能训练的方法与原则

第一节 体能训练流行的锻炼方法

一、有氧锻炼法

有氧锻炼法是指锻炼者通过呼吸能够满足运动对氧气的需要，在"不负氧债"的情况下进行健身锻炼的方法。这种锻炼负荷强度适中，运动时间较长，以增强心血管系统和呼吸系统功能为主要目标，是近年来国外和国内较流行的一种锻炼方法。

有氧锻炼法的发明者是美国学者库珀。他埋头钻研四年，研究了三万多人，从而创造有氧锻炼法，特别是他创造的12分钟跑，更是为世界大多数国家所采用。他认为，只有根据吸氧能力才能判定一个人体力的强弱。平时对氧的最小需要量和激烈活动时对氧的最大需要量之间的差别大小，就成为测量人的体力强弱的标准。从事这种有氧锻炼的目的，是使身体每一部位都能得到充分的氧供应，促使参加循环的血量增多。以强而有力的心血管和呼吸系统作为基础，进行这种锻炼，能使其变得更加强劲有力。

库珀认为，有氧锻炼有如下好处：提高肺的功能；提高心脏的功能；增加开放的血管的数量并增大其口径，从而充分地把氧送到每个组织；能使肌肉和血管的张力改善，使软弱无力的肌肉和血管变得坚韧，有助于降低血压；能增加血流量，使氧输送更为顺利；能提高最大耗氧量，增强整个身体特别是心肺、血管等功能，提高抗病力，等等。

在进行有氧锻炼前，要进行身体检查，这是确保锻炼安全的保证。在身体检查合格以后，进行体力测试，以确定锻炼者的体力水平，为确定有氧锻炼的时间和距离提供依据。确定锻炼者的体力水平可采用12分钟跑，当然，也可采用24分钟跑或定距离跑。通过体力测试，体力水平较高者可以直接按照锻炼方案进行锻炼；体力水平较差者，需要进行预备性体力锻炼。

　　有氧锻炼法最常应用的三大运动项目为长跑、游泳、骑自行车。此外，还有步行、原地跑、耐力体操和球类运动等。这些运动项目的特点是运动持续时间相对较长，运动负荷强度相对较小，运动中负荷变化相对不大。

　　运用有氧锻炼法的关键是掌握练习强度，既要处在有效健身价值阈以上，又不能超过无氧阈值。国内外较为流行的是用运动心率控制练习强度，可以用130次/分钟左右，不高于150次/分钟作为控制指标，或以180减去锻炼者年龄的差值作为控制强度指标数值。

　　另一种意见认为，运动强度处于最大摄氧量的70％以下，属于有氧锻炼强度范围。此外，运动强度与年龄有一定的依存关系。

　　进行有氧锻炼时必须注意以下几点。

　　（1）在从事有氧锻炼之前要进行医学检查，以确定身体是否能够从事有氧运动。这种检查的目的是了解其心脏、血管、肺等器官的功能是否正常，是否存在运动中可能发生意外的隐患。患有严重的心脏病、高血压、糖尿病和过分肥胖者，除步行外，绝不可进行长跑等激烈运动。上述疾病症状较轻者以及肾脏病、贫血症、肺病、下胶血管病、关节炎病患者，也应相对地禁止运动。相对禁止运动并非完全不可运动，而是要在医学指导下因人而异地进行运动。

　　（2）要根据有氧锻炼的特点选择锻炼项目。有氧锻炼以提高心血管和呼吸系统功能为目的，以有氧耐力水平的提高为标志。其项目特点是长时间、小强度、匀速运动。因此，在项目选择上，不宜采用肌肉等长运动方式，一般不采用举重、力量体操等一类的等张运动，也不主张运用短跑等无氧运动手段。因为这些项目或手段与有氧锻炼的目标不吻合。当然，也不是说这些项目或手段对身体无锻炼价值，从身体全面发展的角度来说也是必要的。

　　（3）锻炼要因人而异。每个个体及其在不同的年龄阶段，其心血管和呼吸系统的功能是有差异的，有氧锻炼的强度也应有所不同。为此，首先要通过耐力测验的结果来衡量锻炼者的体力情况，据此制订出个人的有氧锻炼方案。库珀根据自己研究的测验方法所得出的结果，把锻炼者的体力分成五级，并相应地提出了不同的负荷标准，这种方法值得我们借鉴。此外，在锻炼的时间安排上，也应因人而异。

　　（4）要做好准备活动和整理活动。心血管和呼吸系统从相对安静状态转入功能较高的运动状态,要有一个准备过程。否则,关节、肌肉就容易受伤,对于40岁以上的人来说更是如此。跑的准备活动应使全脚掌着地,以利于伸展下肢和关节,准备活动的节奏也要由慢到快,逐步达到基本练习的要求。

许多人往往不太注意整理活动,运动结束后马上坐下休息,这就难免发生眩晕或昏迷。因此,在有氧锻炼后可以进行5分钟左右的走步或慢跑。

二、发达肌肉法

发达肌肉法也称体形锻炼法,是指锻炼者在发展力量素质的同时,以增长肌肉、健美体形为目的所采用的方法。

爱美之心人皆有之。体育运动能够塑造健美的体形,在这个前提条件下,发达肌肉法受到不同年龄、性别锻炼者特别是广大青少年的普遍重视,从而成为体育运动的一个重要分支——健美运动。无论是在国际或国内,健美运动都是十分流行的。由于锻炼者个人的条件不同,对体形美的性质和要求不尽相同,以发达肌肉为主要方法的健美运动也可分成若干类型,即肌肉发达型、体能型、适应型和姿态型。要想使人体肌肉发达粗壮,直接目标是增大肌肉体积,使其垒块分明。它依赖于在负荷状态下相应肌肉的收缩与放松,反复刺激肌肉组织,使其得到充分的血液供应,从而获得更多的氧气和营养物质。新陈代谢和超量恢复的结果导致肌纤维增粗、肌肉体积增大,富有弹性,肌肉力量增强。

增大肌肉体积与发展力量素质在锻炼方向上基本一致。这是因为力量素质的发展是以相应的肌肉体积增长为基础的。然而,体形健美不仅仅要求发展力量素质,还要依据匀称、协调和美学要求使各部肌肉达到特定的比例。发达肌肉的锻炼内容,应从以下几方面选择。

(1)运用体操项目中的中杠、双杠、吊环等器械发展躯干和上肢肌肉,如双杠中的支撑双臂屈伸、双臂支撑摆动屈伸,单杠的引体向上、摆动屈伸上等。

(2)运用哑铃、拉力器、杠铃、综合练习器等器材,促使身体各部位肌肉协调发展。根据发展部位的需要,可自编各种练习动作量及练习次数的配合。

(3)运用克服自身体重的徒手练习,如跳跃、蹲起、俯卧撑、仰卧起坐等。这种练习不受器材及场地限制,简便易行,但其锻炼肌肉的效果一般不如器械练习明显而迅速。

（4）对发达肌肉和健美体形有重大影响的是身体各部分的大肌肉群，主要包括肩部肌群、臂部肌群、胸部肌群、背部肌群、腹部肌群和腿部肌群。这些肌群的体积和线条构成身体的整体外观，是在发达肌肉和体形锻炼中必须重点发展的部位。

三、消遣运动法

消遣运动法是指为了寻求生理和心理上的放松，欢度余暇而进行身体锻炼的方法。这种锻炼方法的活动强度不大，令人轻松愉快，具有安抚身心、消除疲劳的功效。消遣运动也称休闲体育，是随着现代社会的发展而逐渐发展和兴盛起来的。随着人类社会生活节奏由慢到快，为了抵消快节奏所造成的不利影响，人们增加了余暇时间，有了丰富的余暇活动。

此外，人们在满足了基本的生活需要以后，享受的需要、发展的需要也随之出现，并成为影响生活方式和行为方式的强大动力。人们需要利用各种方式，包括休闲娱乐来不断地充实自己、完善自己，以努力提高个人的物质生活和精神生活质量。因此，消遣运动成为现代人十分重要的活动领域。人们在余暇时间里的消遣运动和方式有很多，如制作手工工艺品、收藏、观看戏剧电影、欣赏音乐等。从体育的角度分析，消遣运动可分为两类，一类是观赏性体育活动（非运动性消遣活动），如通过观赏各种体育比赛或表演，获得心理满足；另一类是体力性活动（运动性消遣活动），如散步、登高、狩猎、垂钓、泛舟等。

采用消遣运动法时应注意以下几个方面。

（1）情绪放松，注意力专注于活动对象，暂时忘记和摆脱工作、生活的困扰。

（2）活动内容选择以兴趣爱好为前提，符合个人意愿。

（3）运动负荷以小、中强度为宜，以运动后能产生惬意的疲劳感为好。

（4）为增进情感交流，增添消遣情趣，最好能与亲友结伴而行，陪同活动。

第二节　体能训练的训练学方法

运动训练的方法极其丰富，分类非常复杂，有以下四类：按掌握技术技能分，有讲解训练法、示范训练法、分解训练法、完整训练法、纠错训练法；按负荷与间隙的关系分，有持续训练法、重复训练法、间歇训练法；按训练方法的组合分，有变换训练法、综合训练法（包括循环训练）；按训练方法的组织形式分，有游戏训练法、比赛训练法。本节介绍一些常用的训练方法。

一、持续训练法

持续训练法是指在较长的时间里，用较稳定的强度，不间歇地进行练习的方法。持续训练法通常用于发展一般耐力，例如长距离跑或游戏、球类中的多球训练、体操中的单个或成套动作的连续重复练习等。"法特来克"训练法是一种利用自然地形进行的游戏式的长跑训练，其变速训练是持续练习法的变种。

二、重复训练法

重复训练法是在暂时不改变动作要素、结构及负荷数据的情况下，反复多次练习，而且练习间歇保证机体能力基本恢复的一种训练方法。重复训练法用于身体训练，可把强度提高到极限或次极限，从而发展最大力量或最高速度。在强度适当的情况下，它是用于技术、战术训练的主要方法。

三、间歇训练法

间歇训练法是指在一次或一组练习之后，严格按照规定的间歇时间和积极休息的方式进行休息，在运动员机体未完全恢复的情况下就进行下一次（组）练习的方法。间歇训练法同重复训练法相类似，练习之间都有一定的间歇时间。区别的关键在于：间歇训练法每次练习的间歇时间都有严格规定，要在运动员机体未完全恢复的情况下就开始第二次练习；而重复训练法的间歇时间要在运动员的机体基本恢复的情况下才开始第二次练习。

对于提高运动员的心血管系统的机能而言，间歇训练法特别有用。通常间歇休息在心率降低到 120 次/分钟时又开始下次练习。此时心脏每搏输出量达到最大值，耗氧量也达到最大值，接着又对心脏施加新的强烈刺激，这有利于增加心肌耐力，增大心脏容积，较快地提高心脏的功能。

贯彻间歇训练法应注意以下几方面的问题。

（1）明确构成间歇训练法的五个因素，并根据训练要解决的问题，有的放矢地进行安排和调整。这五个因素是每次练习的距离和时间、每次练习重复的次数和组数、每次练习的负荷强度、每次或每组练习之间的间歇时间、间歇时的休息方式。

体能训练通常采用以下两种间歇训练法，主要是调节强度的办法。

①小强度间歇训练法——个人最大强度的 30％～50％，用于发展有氧耐力和局部肌肉耐力的训练法。

②较大强度间歇训练法——个人最大强度的 50％～80％，用于发展速度耐力和速度力量的训练法。

（2）对于有机体机能水平尚低的学员和初中以下年龄的学生，难以胜任较大的运动负荷，不宜采用间歇训练法。高中阶段业余运动员如采用间歇训练法，应加强医务监督。

（3）间歇休息的方式应该采用有轻微活动的积极性休息，以加速乳酸的排除，切忌坐、卧，做安静休息。

四、变换训练法

变换训练法是指在练习过程中有目的地变换练习的负荷、动作组合，以及变换练习的环境、条件下进行训练的方法。这是一种运用很广泛的训练方法。训练方法上有变化，才能把训练实践搞活，以达到不同的训练目的。

1．变换训练法的作用

（1）提高运动员有机体对训练和比赛的适应能力。

（2）培养运动员的多种运动感觉，如时间感觉、空间感觉、速度感、节奏感等。

（3）避免练习过程中的单调乏味，提高运动员的训练情绪、兴趣和积极性。

2．学校课余运动队训练中变换训练法的常用形式

（1）改变负荷的变换法，其目的主要是提高运动员对不同负荷的适应能力。如对中长跑运用"法特来克"发展有氧耐力，在篮球、足球等项目中运用短距离的变速、变向跑（慢跑时突然加速或加速变向）来发展专项速度耐力。

（2）改变动作组合的变换法。这种变换法多用于技术训练，特别是技术动作

多，组合方式较为灵活的项目。如体操、篮球等项目采用这种方法对提高动作的连接技术、获得多种感觉信息有重要意义。

（3）改变练习环境和条件的变换法。如变换场地器材条件、观众情绪条件、有无对手条件，与不同技术特点的对手相对抗等。这种训练法主要是为了提高运动员适应变化条件的能力，提高在变化条件下运用技术的能力及心理的稳定性。

五、综合训练法

综合训练法就是把重复法、变换法、间歇法、竞赛法等结合起来运用的方法，它可集诸法之所长，取得训练的良好效果。综合训练法有两种主要组织方式：一种是将上述各种训练法综合运用，另一种是循环训练法。循环训练法的组织方式与循环练习法的组织方式相同，所不同的是练习内容要结合专项进行选择，练习应有重点内容。由于训练"负荷"相对较大，更应注意训练顺序排列的合理性，一般来讲从下肢活动开始为好。

六、竞赛训练法

在比赛的条件与要求下进行练习的方法，称竞赛训练法。它的主要特点是练习具有竞争性。学校运动训练中已广泛采用的方法有游戏性竞赛、身体素质比赛、技术和战术比赛、非专项比赛，与有明显优势或势均力敌或不同特点的对手比赛、测验性比赛和适应性比赛等多种竞赛训练法。

采用竞赛法训练应该注意以下几个方面的问题。

（1）竞赛作为手段，运用时应该目的明确，根据训练任务和正式比赛任务采用某种类型的竞赛训练法。例如：足球训练时，教练员可以从某一角度从严或放宽规则，或增加新的规则；对关键技术可以提高评分值；缩小场地减少人数的足球训练比赛，用以提高基本技术、控制球的能力；作为检查训练效果的竞赛一般安排在某一阶段的后期进行。

（2）要加强竞赛训练的组织工作。集体成队的游戏和比赛，两队水平要接近，以维持平衡的对抗，激发参加者的情绪，并且要有意识地培养运动员参与组织竞赛裁判工作的能力。对于竞赛进程中的负荷发展，教练员要善于控制，不要因消耗能量过多而影响其他训练任务的完成。

（3）竞赛训练是一种对少年儿童进行道德作风、意志品质教育很好的形式。用最快的方式把学生组织起来，在竞赛规则允许的范围内通力协作，力争优胜，评比、表扬优良行为，批评不良事例，做到实事求是，赏罚分明，这样就比较容易取得训练育人的效果。

七、心理训练法

心理训练法是采用心理学的手段对运动员进行训练的一种方法。课余体育训练中，常用的心理训练法有以下几种。

1．放松训练法

放松训练法是指专心致志地使自己的身心放松的一种方法。它是采用一定的自我暗示的套语，即意念将注意力导引到一定的方向和范围，从而促进肌肉和大脑放松，调节植物性神经系统的机能，消除心理紧张，消除疲劳，提高人体工作能力。

2．念动训练法

念动训练法也叫内心默念法或"过电影"法，是在思想上完成动作的过程。念动训练是以意念动作为基础，反复进行思想表象，与此同时引起神经、脉搏和肌肉系统的相应变化，从而起到训练的作用。例如，有研究者进行了下列实验，运动员静坐进行 400 米决赛的念动训练，运动员默念自己在规定的一条跑道上准备起跑，教练员发令后，默念自己冲出起点，以及以后的追赶过程，直到最后冲过终点的情景，测量前后的脉搏变化，冲刺后比起跑前增加了 5～8 次。这证明意念活动是能动的，不是消极的。

3．集中注意力训练法

集中注意力训练法是坚持全神贯注于某一个确定的目标，或者把被某些因素干扰的注意力重新集中起来的一种训练方法。集中注意力的训练方法很多，如：第一，集中注意力观察对方动作变化、目标飞行路线和落点。第二，教练员用轻微的声音发出指令，让运动员执行，这种微弱的声音可迫使运动员自觉地集中注意力。第三，集中注意力做游戏。第四，做各种用节奏指挥的动作。第五，在周围嘈杂的环境下做各种方向路线变化的练习。

八、运动处方训练法

运动处方训练法是指医生以处方的形式规定锻炼的内容、运动量和注意事项，从而指导人们科学地从事体育锻炼的方法。运动处方有两种：一种是体育保健医生给锻炼者开运动处方，就像医生给病人开处方一样；另一种是锻炼者自己给自己开处方。根据锻炼者不同的身体状况以及锻炼目的，运动处方可分为治疗性运动处方和预防性运动处方。

运动处方训练法的基本要素包括如下几种。

第一，运动的内容。其必须有针对性，确定可以治病和健身。

第二，运动的次数。这里指每周的次数，最理想的是每天坚持运动，也可以隔一天运动一次，但必须考虑运动者的具体情况。

第三，运动时间。这里指每天运动多长时间要根据项目和身体状况来决定。

第四，运动强度。其要根据人的健康水平和运动能力来确定。

第五，运动者身体健康状况的指标。运动者在身体运动或制定运动处方之前必须由医生进行健康检查。

第六，注意事项。根据部分健康指标拟订身体运动的注意事项。

九、利用自然条件训练法

利用自然条件训练法是指运动者利用日光、空气、温度、水、沙、泥等自然条件，对人体有意识地施加影响的一种身体运动方法。这种方法主要是利用自然因素来促进机体的新陈代谢能力，防治某些疾病，以增强机体适应自然的能力，促进机体的生长发育等。利用自然条件训练法，一定要考虑身体的现状，若身体有病（心血管病、肾病、肝病等），则不能随便采用此方法。

第三节　体能训练的一般方法

一、一般方法

（一）负重练习法

负重练习法即载负重量进行锻炼，要求锻炼者按一定的次数、重量、标准和动作频率去锻炼身体，增强体质，如使用杠铃、沙袋等锻炼身体和增强力量素质。

（二）重复锻炼法

重复锻炼法是按预定内容反复进行某一锻炼的方法。如重复进行 60 米加速跑 4～6 次，每次跑后间歇 1～2 分钟，且每次跑的距离和速度不变。该方法主要用于发展下肢力量和速度素质。

（三）综合锻炼法

综合锻炼法是在进行身体锻炼的过程中，为促进身体各部位的全面发展而把对身体各个部位有不同作用的几个或更多的运动项目搭配起来，形成一个可影响身体数个部位乃至全身所有部位进行运动的方法。如跳绳→立卧撑→引体向上→双臂屈伸→多级跳远等综合锻炼法。

（四）身体不同部位锻炼方法

（1）头颈运动：时常进行头颈锻炼可使大脑供血充分，有利于消除脑疲劳、增强记忆力。锻炼方法有头前屈、后屈、侧屈、回旋等。

（2）上肢运动：锻炼方法有俯卧撑、双杠臂屈伸、单杠引体向上及持器械的各种练习。

（3）躯干运动：锻炼方法有仰卧起坐、仰卧举腿、仰卧两头起，悬垂举腿、腰侧屈等。

（4）下肢的运动：下肢为人体支柱，应使其发达、健壮。锻炼方法有杠铃深蹲、半蹲、提踵、跳跃等。

二、发展身体素质的方法

（一）发展力量素质的方法

力量是指肌肉紧张或收缩时所表现出来的一种能力。力量素质是身体素质的基础。发展力量素质应根据目的的不同而采取不同的方法。一般情况下，发展绝对力量采用重量大、组数多、次数少的方法，发展速度力量采用中重量、中次数、组数少的方法，发展小肌肉群力量和力量耐力采用重量小、组数少、次数多的方法。

（二）发展耐力素质的方法

耐力素质是有机体长时间工作克服疲劳及疲劳后快速恢复的能力。按运动的外在表现可分为速度耐力、力量耐力和一般耐力，按所影响的器官分为心血管耐力和肌肉耐力等，按能量供应特点分为有氧耐力和无氧耐力等。练习时，应强调意志品质、呼吸深度和呼吸方法。发展有氧耐力主要是提高心肺功能，运动时间要求至少为5分钟。锻炼时负荷强度应达到所能承受最大强度的80%左右（心率大约在150次/分），经常采用持续负荷（包括连续负荷法和交替负荷法两种）方法，如多选用跑步、跳绳、原地跑、球类、自行车、溜冰、划船等锻炼手段进行锻炼。锻炼时应注意逐渐增加运动强度和密度。

（三）发展速度素质的方法

速度素质是指人体快速运动的能力。速度可分为反应速度、动作速度和移动速度。各种速度素质练习，都应在体力充沛、精力饱满的情况下进行。

（1）反应速度即对外界刺激反应的快慢。利用信号让练习者做出相应反应是常用的方法。

（2）动作速度即完成某一动作的快慢。减小练习难度法（顺风跑、下坡跑等）、加大难度法（跳高前的负重跳等）和时限法（按一定节拍或跟随别人较快的节奏等，以改变自己的动作节奏或速度），是常用的发展动作速度的方法。

（3）移动速度即单位时间内位移的距离。发展的方法有最大速度跑、加快动作频率和发展下肢爆发力量。

（四）发展灵敏素质的方法

灵敏是指在多变的运动环境中迅速改变身体位置的能力。发展灵敏素质的方法有在跑跳中迅速、准确、协调地完成各种动作、各种综合练习、各种变换方向的追逐性游戏及球类活动等。

（五）发展柔韧素质的方法

柔韧是指关节活动的幅度，肌肉、肌腱韧带等软组织的伸展能力。一般以采用静力性拉长肌肉和结缔组织的方法发展柔韧素质成效较快。静力性练习要求保持8～10秒，重复8～10次，如压、搬、劈、蹦、体前屈、转体、绕环等动作，并以感到酸、胀、痛为限。控制在5～30次的动力性拉伸练习（踢腿、摆腿、甩腰等），也是发展柔韧素质的方法之一。发展柔韧素质应将静力与动力、主动与被动练习相结合，坚持细水长流，切勿用力过猛。

三、推荐简便易行的锻炼方法

（一）步行锻炼法

步行锻炼法是体育锻炼中最简便易行的锻炼方法。步行锻炼主要由步行的距离、速度决定其运动强度，锻炼者应根据本人的实际情况进行选择。常言道"百练不如一走""饭后百步走，活到九十九"，这足以说明步行是古今长寿的妙法之一。

（二）跑步锻炼法

跑步是一种有关肌肉群反复活动的全身有氧运动，利用跑步可以消耗体内过剩的热量，有助于减少体内的脂肪和控制体重。

（三）游泳锻炼法

游泳的锻炼价值与跑步非常相似。由于人在水中受到水的阻力和浮力以及水温的影响，其行进同样的距离，所需的能量是跑步的 4 倍之多，心率却处于较低水平，因此是一种更安全的健身方法。

（四）跳绳锻炼法

跳绳能提高心血管系统和呼吸系统的功能，提高肌肉长时间工作的能力，同时能使人的速度、灵敏、协调性等得到加强。

（五）有氧操锻炼法

有氧操是一种充满活力的锻炼方法，在提高心血管系统和呼吸系统的功能方面有明显作用。跳操可以使体重得到有效控制，健美身材，愉悦身心。

第四节　体能训练的原则

体能训锻炼方法虽然简单易学，可以提高身体健康水平，但仍需科学地安排体育锻炼，避免伤病事故。体育锻炼应遵循以下基本原则。

（一）循序渐进原则

体育锻炼的循序渐进是指在学习体育技能和安排运动量时，要由小到大、由易到难、由简到繁，逐渐进行。不少体育爱好者在开始进行体育锻炼时，兴趣很高，活动量也很大，但坚持了几天，就失去锻炼热情，会出现各种不良反应。产生这种现象的原因可能有多种：开始活动量大，机体无法很快适应，身体疲劳反应也大，锻炼者受不了这么大的"苦"而放弃体育锻炼；对体育锻炼的期望值过高，认为只要进行体育锻炼就会立竿见影，结果锻炼几天后未见身体机能明显变化，因而对体育锻炼大失所望；开始体育锻炼时活动量过大，身体不适应造成运动损伤等。

基于上述原因，人们在进行体育锻炼时，要逐渐地增加运动量。以跑步为例，开始时可先进行散步等运动强度不大、活动量较小的练习，首先在心理上做好思想准备，活动一周或 10 天，待身体机能适应后，再进行小强度的慢跑，以后逐渐增加跑步的速度和距离。另外，锻炼者也要充分认识到，体育锻炼不可能在短时间内就见成效，只有坚持锻炼，才能取得理想效果。

（二）全面发展原则

对多数体育锻炼者来说，进行体育锻炼并不是单纯发展某一运动能力或身体某一器官的生理机能，而是通过体育锻炼使整体机能全面、协调发展，所以在进行体育锻炼时，要注意活动内容的多样性和身体机能的全面提高。如果只单纯发展某一局部的生理机能，不仅提高生理机能的作用不明显，而且还会对身体机能产生不利影响。如青年人在进行力量练习时如果只注意右臂力量的发展，天长日久，就会出现右臂粗、左臂细甚至是脊柱侧弯的现象；老年人如果只注重运动系统机能的提高，而忽视心脏功能的发展，就会造成运动系统机能和心肺功能的不协调，在进行体育锻炼时，很容易由于心脏不适应运动系统的活动而出现意外事故。

全面发展原则主要有两层意思：一是体育锻炼的项目要丰富多样。不同的体育锻炼项目，对身体机能的影响作用不同。选择多样化的锻炼项目，将有助于身体机能的全面提高，对青少年体育锻炼者来说更应如此，以免由于单一的体育锻炼造成身体的畸形发展。二是体育锻炼项目的多功能性。如果由于体育锻炼时间和锻炼条件的限制，不可能选择较多的运动项目，那么在确定体育活动内容时，就应当选择一种能使较多的器官或部位得到锻炼的运动形式，以保证做到活动项目虽然单一，但仍可对整体机能产生全面影响。

（三）区别对待原则

体育锻炼时，还要根据每个锻炼者的年龄、性别、爱好、身体条件、职业特点、锻炼基础等不同情况做到区别对待，使体育锻炼更具有针对性。在具体执行区别对待原则时，应做到以下几点。

（1）根据年龄选择体育锻炼项目。老年人可进行一些活动量相对较平稳的慢跑、太极拳等项目的体育锻炼，以减少运动损伤。年轻人可进行对抗性强、运动较剧烈的球类运动、爬山比赛等，以增加体育锻炼的兴趣。

（2）根据性别选择体育锻炼项目。男子可进行一些体现阳刚之气的举重、拳击等体育锻炼，女子则可练习健美操、健美舞等柔韧性运动项目。

（3）根据身体情况选择体育锻炼项目。对从事康复体育锻炼的人来说，体育活动量一般不要过大，其体育锻炼的主要目的是恢复身体机能，或使身体机能不致过分下降。对于一些有特殊慢性疾病的人，要有针对性地选择适合自己疾病的体育锻炼项目。

（四）经常性原则

经常参加体育活动，锻炼的效果才会明显、持久，所以体育锻炼要经常化，不能"三天打鱼，两天晒网"。虽然短时间的锻炼也能对身体机能产生一定的影响，但一旦停止体育锻炼后，这种良好的影响作用会很快消失。一次性体育活动可以提高人体的免疫机能，增强人体的抗疾病能力，但这种作用在体育锻炼后的第二天或第三天就消失了，所以要想保持旺盛的体力和精力，就必须坚持参加体育锻炼。经常参加体育锻炼应注意以下几个问题。

（1）一旦参加体育锻炼，且其对身体产生了良好影响，就应自觉地坚持下去，活动的内容和项目可以更换，但锻炼不能停止。

（2）经常参加体育锻炼，并不是说无论什么情况下都绝对不能停止锻炼，而是只要合理地安排锻炼计划，如每周锻炼 3 次，或每周锻炼 5 次等，只要不是长期地停止锻炼，就能保持锻炼效果。

（3）因气候条件不能在室外进行锻炼时，可改在室内进行，即使暂时变换锻炼内容，对锻炼效果也不会有太大影响。因工作繁忙，而不能按原计划进行体育锻炼者，可充分利用零散时间进行体育活动，一天进行几次短时间的体育活动同样会取得较好的健身效果。

（五）安全性原则

从事任何形式的体育锻炼都要注意安全，如果体育锻炼安排得不合理，违背科学规律，就可能出现伤害事故。为了保证体育锻炼的安全，锻炼者应做到以下几点。

（1）体育锻炼前做好充分的准备活动，使各器官系统的机能进入活动状态后，再进行较剧烈的运动。

（2）体育锻炼要全身心投入，锻炼过程中不要开玩笑，这对于青少年尤为重要，有时稍不注意，就有可能出现运动损伤。

（3）在进行跑步、健美操等体育锻炼时，最好不要在沥青马路和水泥地面上进行，以防出现各种劳损症状。

（4）对于有心血管疾病等慢性疾病的老年人来说，在体育锻炼时应注意控制运动量，因为老年人在进行体育活动时，有时虽然自我感觉较好，但身体并不一定能承受较大的运动量，如果盲目增加运动量特别是运动强度，就很容易出现意外事故。

（六）超负荷原则

在体育锻炼中，身体既有一定程度的疲劳，又有一定的负荷耐受力，这种状态下的运动锻炼有利于掌握体育技能，并能有效地增强体质。但身体适应某个运动量后，如长期按原来的运动量进行锻炼，身体的反应越来越小，工作能力（体力）也只能保持在原有水平上。因此，锻炼者对某一负荷刺激基本适应后，必须适时、适量地将负荷增大到超过原有负荷水平，并在此基础上不断提高运动能力的原则，就是超负荷原则。

第四章 体能的测试与评价

第一节 体能的测试与评价概述

体能训练是一门科学，训练要根据运动员的个人实际科学安排。在运动训练过程中，训练活动的起点是运动员的现实状态诊断，科学的测试、诊断和评价是运动训练科学化的基本内容之一，是确立合理的训练目标、制订针对性的训练计划的前提。在竞技体育近百年的发展过程中，科研人员对运动员生理机能指标、运动能力的测试一直是体育研究的重要内容之一。欧洲国家从19世纪末开始应用生理学和生物化学的测试方法对运动员机体状况进行检测和评价。20世纪50年代以来，人们对运动时供能的有氧代谢和无氧代谢过程中的磷酸原系统，糖酵解系统和糖、脂肪、蛋白质的有氧代谢有了清楚的认识，并相继开展了不同负荷刺激下身体机能、生理生化指标的变化规律的探讨。科研人员利用心率、血压和肺活量测试了解运动员的基本健康水平和恢复程度，并发明了库尔克试验、台阶试验、PWC170实验、Wingate运动测试等方法，评价有氧能力、爆发力和机体对不同负荷的反应。为提高运动训练的科学水平，我国在20世纪五六十年代开始对运动员进行基本的生理生化监控，通过联合机能实验、哈佛台阶试验，采集血乳酸、血红蛋白、尿蛋白等生理生化指标，分析训练效果，进行机能评定，为运动员的大运动量训练提供科学参考。

随着竞技能力理论的出现，人们开始重视对运动员体能、技能、战术能力、心理、智能的综合评价。力量、速度、耐力、灵敏、柔韧等身体素质成为运动员主要的身体训练内容，因此对力量、速度、耐力的测试与评价成为热点。最大力量测试、爆发力测试、等速测试等与运动能力高度相关的指标体系，受到教练员、运动员、科研人员的高度重视。近年来，竞技体育发展迅速，比赛对抗激烈，对体能要求日益提高，一些有世界影响力的赛事协会开始重视本体系职业运动员的体能测试，如美国NBA有自己专门的测试体系指标（表4-1）。美国体能教练协会认为，测试和能力评价的方法对于全面评价运动员至关重要，通过这些方法，可以客观地反映出运动员的速度、力量、爆发力、灵敏和柔韧能力，以使运动员能适应激烈的对抗并减少危险。我国也制定了优秀篮球运动员机能评定指标，包括身体成分、中心视力、周围视力、心率、比赛后即刻心率、血压、心电图、血红蛋白、血清睾酮、血清肌酸激酶、尿素氮、血乳酸、最大摄氧量等。

表 4-1　美国 NBA 球员体能测试内容

能力类别	测试方法
爆发力	纵跳
灵活性	20 米计时跑
身体素质	300 米折返跑（总距离）
肌肉力量与耐力	俯卧撑/引体向上/仰卧起坐
柔韧度	体前屈
身体组织	皮肤褶皱

人们对健康的关注也促进了各国对国民的基本运动能力、健康水平的测试与评价的重视。各国相继推出国民体质或青少年身体素质测试标准。美国体质测试内容主要包括心肺功能耐力（有氧代谢能力）、肌肉力量与耐力、身体柔韧性、身体组成。中国体质健康测试组件主要体现在心肺功能、速度与灵敏、肌肉力量与耐力、柔韧性。2014 年我国制定了新的学生体质测试标准（表 4-2），以促进学生对体育运动、身体健康的重视。

表 4-2　国家学生体质健康标准测试项目（2014 年修订）

年级	测试项目
小学 1 年级～大学	体重指数（BMI）、肺活量
小学 1～2 年级	50 米跑、坐位体前屈、1 分钟跳绳
小学 3～4 年级	50 米跑、坐位体前屈、1 分钟跳绳、1 分钟仰卧起坐
小学 5～6 年级	50 米跑、坐位体前屈、1 分钟跳绳、1 分钟仰卧起坐、50 米×8 往返跑
初中、高中、大学	50 米跑、坐位体前屈、立定跳远、引体向上（男）、仰卧起坐（女）、1000 米跑（男）/800 米跑（女）

随着核心力量训练、功能性训练在体能训练领域的出现，科研人员、体能教练开始用功能性动作测试、星型平衡测试、Y 型平衡测试对运动员的动作效率、平衡能力、潜在伤病因素及康复水平进行评价。在此基础上强化体能训练的科学

性，设计专门的训练计划，提升运动员的运动表现，成为新的发展趋势。但这些新的测试方法的作用也引起了人们的质疑，因为其并不能直接反映运动员的运动水平。

到目前为止，竞技体育领域已经形成了身体机能测试、体质或基本运动能力测试、身体功能性测试、专项体能测试的完整测试、评估体系（表4-3），以期能制订更合理的训练计划，提升训练效率，促进运动员运动表现，提供科学的依据。目前，结合专项特点对运动员进行功能性动作效率测试与训练，被认为是判断运动员伤病风险及提高运动表现的重要方法。但任何测试都有其局限性，人体的运动表现是复杂的，只能通过比赛本身来准确地反映成绩水平，因此，要综合地运用多种方法进行测试、评价，以减少盲目性。

表 4-3　体能的测试、评价体系

类别	亚类	内容
基础体能测试	心血管系统	心率、血压等
	呼吸系统	肺活量及指数等
	代谢机能	无氧、有氧代谢等
基本运动能力测试或体质测试	速度素质	反应、动作、位移速度等
	力量素质	最大力量、爆发力、力量耐力等
	耐力素质	无氧、有氧耐力等
	柔韧素质	体前屈、肩部、俯卧背伸等
	灵敏素质	10字象限跳、立卧撑等
身体功能性测试	核心力量	八级腹桥、七级背桥、六级侧桥等
	功能性动作测试（FMS）	成体系的七个动作
专项体能测试	结合专项需要进行的身体机能、运动素质、专项能力的综合性测试	YOYO体能测试、专项折返跑、专项力量、专项灵敏性等

第二节　基础体能的测试与评价

体能可分为基础体能和运动体能。基础体能是指人体各器官系统的机能能力；运动体能是指从事运动所需的速度、力量、灵敏性、协调性、平衡性和反应力等。运动体能与基础体能成分有重叠之处，例如心肺耐力、肌肉力量、肌肉耐力、柔韧性和身体成分等，体能成分无论是对健康还是对技能性要求较高的运动都是十分重要的。对体能的测试与评价包括对基础体能和运动体能的测试与评价。

基础体能是指人体各器官系统的机能能力，包括机体新陈代谢的功能以及各器官系统的工作效能，类似于身体机能的概念。通过对基础体能的测试，可以了解身体机能的状况和体质水平，并可以反映身体锻炼或运动训练的效果。基础体能的测试包括心血管系统机能、呼吸系统机能、代谢机能等方面，在做体能评价时要根据所测指标予以综合评定。

随着科学技术的进步，新的仪器设备不断投入测试体系中，如各种跑台测试、监测训练负荷的遥测技术等。传统的测试方法仍然有效，本书对其进行简单的介绍。

一、心血管系统机能测试

心血管系统是由心脏和血管组成的闭合管道，其功能反映一个人的发育水平、体质状况与运动训练的水平。对心血管系统机能进行测试在一定程度上可以反映体能的状况，常用心率和血压来进行评定。

（一）心率

心率是每分钟心脏搏动的次数，以次/分钟表示。正常人动脉脉搏频率和心跳频率一致，因此可用测量脉搏频率来表示心率。作为循环系统机能状况的一个指标，心率可反映心脏机能的工作状况。常用的心率指标主要有基础心率、安静心率、运动中心率和运动后心率。

1. 心率的测定

心率测定的方法有心音听诊法、指触法和心率遥测法。指触法通常可以测定的部位有颈动脉、桡动脉和肱动脉。每次测 10 秒，乘以 6 即是 1 分钟的心率数。类别包括基础心率、安静心率、运动中心率和运动后心率。

2. 心率的评定

心率的评定方法主要有立位、卧位姿势脉搏差，30 秒深蹲定量负荷测试，库尔克试验，台阶试验等。下面列举两种方法进行说明。

（1）30秒深蹲定量负荷测试：首先让受试者静坐5分钟，测15秒脉搏，乘以4得1分钟脉搏数（P_1）；然后做30秒30次起蹲，最后一次站起后测15秒即刻脉搏，乘4以得1分钟脉搏数（P_2）；休息1分钟后再测15秒脉搏数（P_3）。

评定：指数＝（$P_1 + P_2 + P_3 - 200$）/10。

正常情况下心率可在运动后3分钟内完全恢复，如果身体疲劳，恢复时间将明显延长。根据上述公式，计算出心脏功能指数，这个指数的大小可以反映应心脏功能的优劣，也可反映训练水平的高低。经常从事体育运动，可以使心脏机能逐渐提高，安静时脉搏降低。固定负荷运动时，身体出现机能节省化，运动后的心率不会发生显著变化，运动停止后恢复较快，因此计算出的指数较小。根据指数，评价标准依次是最好（小于或等于0）、很好（0～5）、中等（6～10）、不好（11～15）、很不好（16以上）。

（2）台阶试验：12岁以上（不含12岁）台阶高度，男40厘米，女35厘米；12岁以下（含12岁）台阶高度30厘米。用2秒上、下1次台阶的速度，连续不停地做3分钟上、下台阶运动。做完后取坐姿，测量恢复期第2、3、4分钟前30秒的心率。计算公式如下：台阶指数＝上、下台阶的连续时间（秒）×100/2×（3次测量脉搏数的总和×2）。大学生台阶指数的评价标准如表4-4。

表4-4 大学生台阶指数的评价标准

性别	优秀	良好	及格	不及格
男	54以上	46～53	40～45	39以下
女	52以上	44～51	25～43	24以下

台阶指数可以在很大程度上代表心脏血管系统的机能水平。指数越大说明心血管机能状态越高，指数越小说明心血管机能水平越低。长期的有氧运动可以改善心血管系统的机能，因此在台阶试验中定量负荷运动时，心率次数降低，停止运动后心率恢复到安静水平的时间减少，表现为台阶试验指数增加。

（二）血压

血压是指血液流动时对血管壁所造成的侧压力，一般指体循环中的动脉血压。在一个心动周期中，心室收缩时动脉血压上升达到的最高值称为收缩压，心室舒张时动脉血压下降达到的最低值称为舒张压，收缩压与舒张压的差值称为脉压。

人体动脉血压测量一般采用听诊法，测量部位为上臂肱动脉。用血压计的压脉带充气，通过在动脉外加压，根据血管音的变化来测量血压。正常人安静时动脉血压较为稳定，变化范围较小，收缩压为 90～120 毫米汞柱（1 毫米汞柱＝0.133 千帕），舒张压为 60～90 毫米汞柱，脉压为 30～50 毫米汞柱。一般情况下运动员的收缩压在正常值水平，舒张压在正常值的下限范围，血压为 95～115/55～75 毫米汞柱。通常血压的评定指标有晨起血压和运动时血压的变化。类别有晨起血压、运动时血压变化。

（1）布兰奇心功指数：布兰奇心功指数是通过测量心率和血压，按照以下公式计算而来。

布兰奇心功指数心率（次/分钟）×［收缩压（毫米汞柱）＋舒张压（毫米汞柱）］/100

采用布兰奇心功指数评价的特点是在评定心率的同时，考虑了血压因素，因而能较全面地反映心脏和血管的功能。布兰奇心功指数在 110～160 范围内为心血管功能正常，平均值是 140；大于 200 为紧张性增高反应；小于 90 为紧张性低下反应。

（2）耐力系数：耐力系数心率×10/脉压。耐力系数的正常值为 16，心脏功能越好，指数越小。

（3）体位平均血压指数：卧位血压差＝（收缩压－舒张压）/3＋舒张压。立位血压差＝（收缩压－舒张压）/3＋舒张压。

体位平均血压指数＝（立位血压差－卧位血压差）×100/立位血压差。

体位平均血压指数在 0 以上为上等，0～－18 为中等，－8 以下为下等。

二、呼吸系统机能测试

呼吸系统的主要功能是进行机体与外界环境间的气体交换。对呼吸系统机能进行评定主要从肺通气功能的量和对呼吸运动控制能力的质两个方面来进行。肺通气功能的主要指标是肺活量，呼吸运动控制能力可以通过闭气试验得到反映。

（一）肺活量和肺活量指数

肺活量是一次呼吸时的最大通气量，在一定程度上反映了肺的通气功能水平。肺活量的大小取决于呼吸肌的力量、肺和胸廓的弹性等。肺活量与体重的比值为肺活量指数，是反映肺通气能力的常用指标，其值越大，说明呼吸系统的机能越好，是基础体能测试中常用的一项指标。

肺活量正常成年人的平均值，男性为 3500～4000 毫升，女性为 2500～3500 毫升。中国青少年肺活量指数正常值范围，男生为 63.2～68.9，女生为 55.5～59.5（表 4-5）。

表 4-5　大学生肺活量指数评价标准　　　　　　　　毫升/千克

性别	优秀	良好	及格	不及格
男	70 以上	57～69	44～56	43 以下
女	57 以上	46～56	32～45	31 以下

肺活量和体重指标都可以通过体育锻炼得到改善，最终表现为肺活量指数的升高。另外，体重增加而肺活量未得到提高，肺活量指数会下降，说明呼吸系统的机能也降低了。

（二）时间肺活量

以最大深吸气后在一定时间内尽快能呼出的气量为时间肺活量，是动态反映呼吸机能的一项有效指标，可用专门的实验仪器进行测试。健康成年人第一秒呼气量约占肺活的 83%，第二秒约占 96%，第三秒约占 99%。

（三）5 次肺活量试验

5 次肺活量试验主要测定呼吸肌的耐力，方法是受试者取站立位，每 15 秒测量 1 次肺活量，共测 5 次。15 秒时间既包括吹气时间，也包括休息时间，因此，在 75 秒之内测量 5 次肺活量。5 次测量结果基本接近或逐渐增加为机能良好；反之则逐渐下降，尤其是最后 2 次显著下降为机能不佳。

（四）定量负荷后 5 次肺活量试验

先测量安静时的肺活量，然后做定量运动，如可进行 30 秒 20 次蹲起或 1 分钟台阶试验。运动后立即测量 1～5 分钟的每分钟肺活量，共测 5 次。负荷后的每分钟肺活量逐次增加，或保持安静时的水平，为机能良好或正常；如果负荷后的肺活量逐次下降，经 5 分钟仍不能恢复至安静时的水平则为机能不佳。

（五）最大通气量

最大通气量是指人体以适宜的呼吸频率和呼吸深度进行呼吸时所能达到的最大限度的每分通气量。它反映受试者的通气贮备能力，与机体的健康水平和训练程度密切相关。最大通气量越大，说明呼吸系统潜在功能越强。正常成年人的平均值，男性为 100 升，女性为 80 升。

三、代谢机能测试

体能与机体的代谢能力有关，代谢能力归根结底取决于能量的供给与利用能力，其中 ATP 的合成与利用是关键。根据运动时骨骼肌 ATP 合成和利用的途径，可将机体的代谢系统分为无氧代谢系统和有氧代谢系统（表 4-6）。无氧代谢能力主要指磷酸原供能系统和糖酵解供能系统的供能能力，有氧代谢能力和机体转运氧和利用氧的能力有关，因此，对体能的测试离不开对机体代谢能力的测试。下面介绍常用的代谢机能测试方法（表 4-6）。

表 4-6　代谢机能测试体系

类别	功能系统	内容与手段
无氧代谢能力测试	磷酸原系统	Quebec 10 秒运动测试
		磷酸原能商法（Alactic Quotient，AQ）
		30 米跑测试
		纵跳法
		玛格里亚卡耳曼测试（Kalamen-Margaria）
	糖酵解系统	30 秒 Wingate 运动测试
		60 秒 Wingate 无氧测试
		60 秒最大负荷测试
		45 秒乳酸能商法（Lactic Quotient，LQ）
有氧代谢能力测试	有氧氧化系统	乳酸阈、个体乳酸阈测试
		6 分钟亚极量负荷测试
		最大摄氧量测试直接测定法：活动平板法、功率自行车测定法
		最大摄氧量测试间接测定法：Astrand-Ryhnuiy
		最大摄氧量推测法：12 分钟跑推算法、PWC170 测试

（一）无氧代谢能力的测试和评价

无氧代谢能力指机体在磷酸原和糖酵解供能条件下的做功能力，通常可以在实验室通过各种测功器械，对运动员整体做功能力进行综合评定。根据磷酸原和糖酵解供能系统供能的特点，测试时要求在不同的时间里达到相应的最大运动强度。通常利用最大输出功率、平均输出功率、疲劳指数等指标来评定无氧代谢能力的大小。

1. 磷酸原系统供能能力的测试

磷酸原系统供能能力的测试方法主要有 Quebec 10 秒运动测试、磷酸原能商法、30 米跑测试、纵跳法、玛格里亚卡耳曼测试。

（1）纵跳法无氧供能能力与纵跳摸高的高度和体重有关，根据纵跳摸高的高度和体重可间接推算无氧供能能力。首先测量受试者的体重，标记站立摸高的高度，然后用力原地向上跳起，达腾空最高点时做一标记，测量站立摸高与纵跳摸高的垂直距离即为纵跳高度。

（2）玛格里亚卡耳曼测试：受试者先称体重，然后站在离台阶 6 米处。令受试者以 3 级 1 步的最快速度跑上台阶，一直跑至 12 级，记录由第 3 级到第 9 级的时间（电动计时的开关在第 3 级和第 9 级，当受试者脚踏上第 3 级时，计时器开始计时，而跑到第 9 级时计时器停止，通常大约为 0.5 秒）。测试 3 次，取 1 次最短时间。根据公式计算功率：功率（千克·米/秒）＝体重（千克）×第 3 级到第 9 级的垂直距离（米）/第 3 级到第 9 级的时间（秒）。

2. 糖酵解系统供能能力的测试

糖酵解系统供能能力的测试包括 30 秒 Wingate 运动测试、60 秒 Wingate 无氧测试、60 秒最大负荷测试、45 秒乳酸能商法等。

（1）30 秒 Wingate 运动测试与应用：测试时采用功率自行车，要求受试者尽可能快蹬，在 3～4 秒内调整到规定阻力负荷，同时开始计时，进行 30 秒全力蹬车运动。阻力系数以 Monark 型为 75 克/千克体重作为参考值，同时可根据训练水平进行调整。评定指标有 30 秒平均功率、输出总功率、最高功率（5 秒内最大输出功率）、疲劳指数，其中疲劳指数＝（最高功率－最低功率）/最高功率。评定结果中输出功率和输出总功率值越大则疲劳指数越小，表示供能能力越强。

（2）60 秒最大负荷测试与应用：60 秒最大负荷测试是用来评定人体最大糖酵解供能能力的一种方法。其操作过程如下：首先测定受试者运动前安静时正常的血乳酸值，然后让受试者在田径场全力跑 400 米或者在跑台上全力跑 1 分钟，再测试运动后血乳酸的最高值，分别记录数据。评价如下：第一，运动后血乳酸浓度在 14～18 毫摩尔/升，可以初步判定糖酵解供能能力好；第二，运动后血乳酸浓度在 9 毫摩尔/升以下，则说明糖酵解供能能力差；第三，可以用来评价一个训练阶段的效果，如果经过一个训练阶段运动成绩提高，而且血乳酸值也同时升高，则表明糖酵解供能能力提高，训练效果良好；第四，一个训练阶段后成绩提高，但血乳酸值不变，说明运动员有潜力；第五，训练后血乳酸不变或升高而成绩下降，则表明这一阶段训练效果不理想，运动员机能水平下降。

（二）有氧代谢能力的测试

有氧代谢供能是机体长时间运动时主要的供能方式，主要与低强度、中等强度或亚极量强度运动，且 3 分钟以上的运动项目有关。有氧代谢供能能力的大小可以通过测试乳酸阈等指标来反映。主要方法有乳酸阈测试、6 分钟亚极量负荷测试法、最大摄氧量测试、PWC170 测试等。其中最大摄氧量测试又分为活动平板法、功率自行车测定法、Astrand-Ryhnuiy 最大摄氧量推测法、12 分钟跑推算法等。

1. 乳酸阈测试

乳酸阈是指在递增负荷运动时由有氧代谢供能到大量动用无氧代谢供能的临界运动强度，反映了长时间运动中血乳酸保持稳态水平时的最大有氧代谢能力，此时血乳酸释放入血的速度等于血乳酸的最大消除速率。通常用血乳酸浓度达 4 摩尔/升时所对应的摄氧量、功率或运动速度来表示。

乳酸阈的测定方法有很多，一般都是以乳酸-功率曲线为原理，采用逐级递增负荷方法测定。起始负荷和递增负荷的大小取决于运动员的性别年龄和训练程度。在安静状态以及每次负荷后立刻准确取血测定血乳酸浓度。以速度为横坐标，血乳酸浓度为纵坐标，把各负荷后的血乳酸值标记在相应点上，并连成一条曲线。取对应于 4 毫摩尔/升血乳酸浓度的功率值为乳酸阈功率（图 4-1）。乳酸阈处对应的跑速越快（或功率越大），则有氧能力越强。当运动员有氧运动能力提高后曲线会右移。

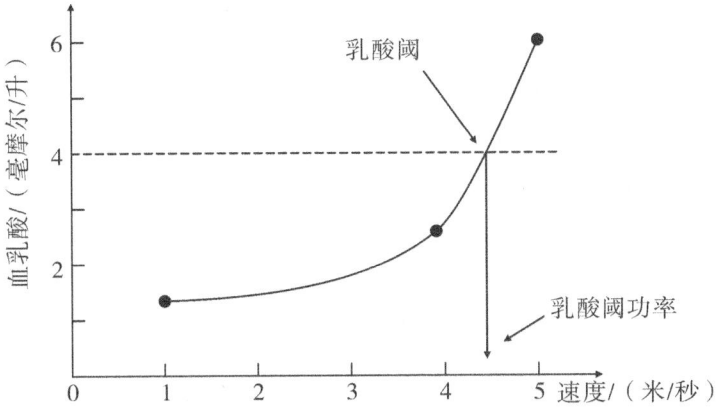

图 4-1　乳酸阈测定示意图

除了在坐标纸上画出乳酸-功率曲线的方法外，还可以采用内插法求出乳酸阈值。取血乳酸接近 4 毫摩尔/升前后的两级功率或跑速为 V_1、V_2，所对应的血乳酸值分别为 LA_1 和 LA_2，代入公式：乳酸阈 ＝ $(V_2－V_1)$ $(4－LA_1)$ $V_1/$ $(LA_2－LA_1)$，所得值为乳酸阈值。乳酸阈处对应的跑速越快（或功率越大），则有氧能力越强。

在完成运动负荷时，每个人都具有不同的血乳酸动力学变化特点，因此个体乳酸阈的测定可以更客观地评定不同运动员个体有氧代谢能力的差异与优劣（图 4-2）。个体乳酸阈的测定采用蹬功率自行车逐级递增负荷的形式，起始负荷为 50 瓦，每 3 分钟递增 50 瓦，一般递增不超过 6 级。分别采取安静时、各级负荷后即刻及恢复期第 2、5、8、10、15 分钟的血样测定血乳酸，在坐标纸上画出乳酸动力学变化曲线，最后一级负荷后即刻的血乳酸值定为 A 点，由 A 点作水平线与恢复期曲线相交于 B 点，再由 B 点向负荷曲线作一条切线，切于 C 点。C 点所对应的纵坐标为个体乳酸阈乳酸浓度，对应的横坐标为个体乳酸阈强度。采用个体乳酸阈值的测定方法，可以根据运动员个体选择最佳训练强度和训练计划，也有助于专项选才。

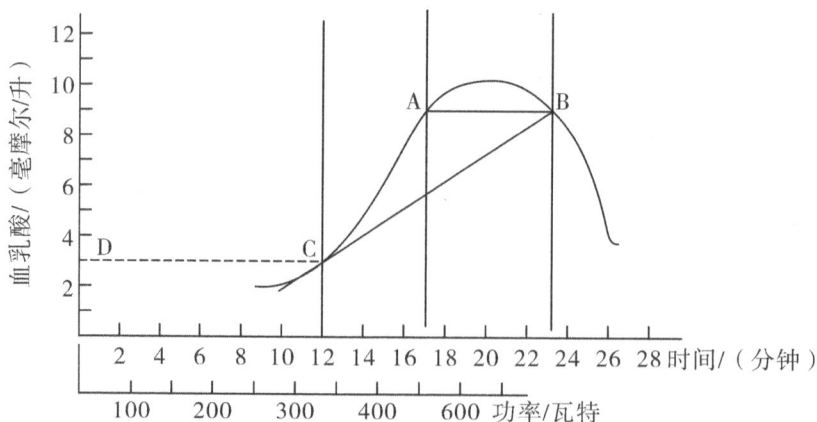

图 4-2　个体乳酸阈测定示意图

乳酸阈较最大摄氧量能更客观、更好地反映运动员的有氧代谢能力。一般最大摄氧量高的运动员乳酸阈值也高，在较长时间的耐力运动中，乳酸阈强度比最大摄氧量能更好地预测运动成绩。而较短时间的有氧运动强度，实际上超过最大摄氧量强度，此时用最大摄氧量表示已没有意义。大量研究证明，经系统训练后，运动后乳酸升高的幅度下降，而最大摄氧量变化则不大。因此使用乳酸阈比最大摄氧量更具实用性和科学性。

2.12 分钟跑推算法

12 分钟跑测试是让受试者全力跑 12 分钟，测量跑的距离，根据 12 分钟跑的成绩推算最大摄氧量。据 Cooper 在 1968 年的报道，最大摄氧量与 12 分钟跑的距离之间呈高度相关，相关系数为 0.897。日本的研究结果也证实了 Cooper 的结果，且这一结果无年龄和性别差异，因此，可以通过 12 分钟跑的成绩间接推算出每千克体重的最大摄氧量。一般从事耐力性项目运动员的最大摄氧量比其他项目运动员的要高。测试前受试者要充分做好准备活动，在跑的过程中尽量快跑，但在开始和结束时，应避免全速跑和冲刺跑。

在测定最大摄氧量时要求全身各器官系统尤其是心肺功能充分动员，让尽可能多的肌群参与运动，从而使功率输出达到最大。当有氧代谢系统达到最大供能状态时，已经有相当多的糖酵解参与供能，血乳酸浓度可超过 9 毫摩尔/升，平均血乳酸浓度范围是 9～12 毫摩尔/升，未见明显的专项特点。因此，血乳酸可以作为最大摄氧量测定的辅助指标。先测安静时的血乳酸值，然后让受试者在做准备活动后进行 12 分钟跑，记录 12 分钟的最大跑距和跑后 3、5、10、15 分钟的血乳酸值，用跑距和血乳酸值来综合评定。评价时若跑的距离长、跑后血乳酸消除速度快，则是有氧代谢能力强、机能状态好的表现；跑的距离短、跑后血乳酸消除速度慢，是有氧代谢能力差、训练水平低的表现。

最大摄氧量代表机体整体利用氧的最大能力，测定时要注意以下几点：第一，必须使全身各器官系统尤其是心肺功能充分动员；第二，让尽可能多的肌肉群参与运动；第三，功率输出达到最大。耐力性项目运动员随着运动成绩和有氧代谢能力的不断改善，最大摄氧量增大，其对应的血乳酸值出现下降。

人体进行有氧耐力运动时，最大摄氧量反映机体呼吸、循环系统氧的运输工作的能力。最大摄氧量是有氧耐力的基础，其值越大，有氧耐力水平越高。最大摄氧量可以用于有氧工作能力的评价和耐力性项目运动员的选拔。

第三节　运动体能的测试

运动体能与身体素质有关，身体素质是运动体能的外在表现。身体素质也称身体适应性，是指人体在运动过程中所表现出来的速度、力量、耐力、灵敏、柔韧、平衡、协调等机能能力的总称，是人体各器官系统的机能在肌肉工作中的综合反映。这种机能能力不仅与人体解剖、生理特点有关，而且与锻炼程度、营养状况也密切相关。它是掌握运动技术、提高锻炼效果的基础。身体素质是决定运动体能的重要基础，目前的体质测试基本与运动体能测试类似。

这里主要介绍速度、力量、耐力、柔韧和灵敏素质的测量和评价。

一、速度素质测试

速度是指人体进行快速运动的能力，包括人体对外界信号刺激做出快速反应、快速完成动作以及快速位移的能力。因此，速度素质包括反应速度、动作速度、位移速度。反应速度是指人体对各种信号刺激（声、光、触等）快速应答的能力；动作速度是指人体或人体某一部分快速完成某个动作的能力；位移速度是指人体在特定方向上快速移动的能力。影响速度的因素是多方面的，如肌肉的力量、肌纤维类型、中枢神经系统的机能状态、条件反射的巩固程度、年龄、性别、体形、柔韧性及协调性等。因此对速度素质的测试通常包括反应速度、动作速度、位移速度的测试。

（一）反应速度测试

反应速度的测试通过测定反应时来进行，即用突然发出的信号来统计运动员对简单信号的反应能力。反应时是指从机体接受刺激到做出应答所需要的时间，也叫反应的潜伏期，是指从刺激开始呈现到做出反应之间所经历的时间。反应时的测定方法主要有对光、声反应时，即视觉和听觉反应时的测试。在实验内容上有复杂反应时和简单反应时两大类测试，其中复杂反应时测试又包括选择反应时、辨别反应时等的测试。简单反应时测试主要有光反应时测试、手反应时测试、全身跳跃反应时测试等。下面介绍光反应时测试和全身跳跃反应时测试的步骤。

1. 光反应时测试

光反应时测试是利用仪器检测受试者机体视觉反应时的快慢，具体测试步骤介绍如下。

（1）打开电源，待仪器所有灯熄灭，屏幕数字显示 0.000 后，可按键开始测试。

（2）受试者按"启动"键在 0.5 秒后（该时间任意变化），反应时，键 1～5 号中任一键发光有音响，这时食指离开"启动"键（即受试者按"启动"键后信号发出到食指离开"启动"键的时间）。这段时间表示的简单反应时（第一个反应时间）。

（3）LED 显示"简单反应"时，受试者食指以最快速度按向给出信号的键，一旦食指按下键，灯光信号随时停止，LED 显示综合反应时（第二个反应时间）。

（4）上述（2）与（3）步骤连续操作 5 次后，按"功能"键，出现的第一组数据显示的是简单反应时的平均值；再按一次"功能"键，显示综合反应时的平均值；再按一次"功能"键，结束本次测试。

2. 全身跳跃反应时测试

全身跳跃反应时测试是测试全身跳跃动作时的反应时。具体测试步骤介绍如下。

（1）受试者站在跳台上，膝关节微屈。

（2）以光或音响为信号，当接受指令后尽可能快地垂直跳离跳台。

（3）用表面电极法记录受试者的小腿肌电图，通过示波器记录从信号到肌电图发现的时间（反应开始时间），从信号到脚离开跳台的时间（全身反应时）。

（4）连续测量 3 次，取其平均值，以毫秒为单位记录。

一个完整的反应过程由五部分组成：一是感受器将物理或化学刺激转化为神经冲动；二是神经冲动由感受器到大脑皮质；三是大脑皮质对信息进行加工；四是神经冲动由大脑皮质传至效应器；五是效应器做出反应。因此，反应时测试可以用来评定反应速度的快慢。

（二）动作速度测试

动作速度是指人体或人体的某一部分完成单个动作或成套动作的快慢以及单位时间内重复动作次数多少的能力。这往往寓于某一个技术动作之中，如抓举的动作速度、跳跃起跳的动作速度、游泳转身的动作速度等，所以动作速度的测量是与技术参数测定联系在一起的，如测出手速度、起跳速度、角速度、加速度等。

1．坐姿快速踏足

坐姿快速踏足测量受试者两脚快速交替重复特定动作的能力。受试者坐在快速动作频率测试车车鞍上，两手扶车把，大腿成水平状，膝关节成 90 度，两脚快速上下交替做踏足动作，记录计时器的数值（10 秒内重复动作的次数）。测 3 次，每次测 10 秒，取最好成绩。踏足次数越多，则说明受试者的动作速度越快。

2．两手快速敲击

两手快速敲击测量受试者两手快速交替重复特定动作的能力。首先，调节金属触板与髂嵴同高。受试者站在测试台前，两手各持一根金属棒，食指按住棒的前端。听到信号后，两手快速交替敲击金属触板，记录计时器的数值（10 秒内重复动作的次数）。测 3 次，每次测 10 秒，取最好成绩。敲击次数越多，则说明受试者的动作速度越快。

（三）位移速度测试

位移速度测试通常采用短距离的极限强度跑来进行测试。其常采用定距计时或定时计距的方法来测量，定距计时要求跑的距离不要过长，可用 30～60 米的距离。可测定 2～3 次，取最好成绩。定时计距可用 4 秒或 6 秒冲刺跑等方法来进行。测试时要在受试者不疲劳、神经兴奋性高的状态下进行。也可以测试绝对速度即不从起跑计时，而测定以最高速度跑完某段距离的能力，预跑距离为10～15米。

1. 30米跑

30米跑主要测试受试者快速跑动的能力。受试者采用站立式起跑，听到发令声后快速跑向终点，记录成绩。测2次，取最好成绩。50米、60米跑测试同30米跑测试的要求一样。

2. 4秒或6秒冲刺跑

受试者站立于起跑线，可采用任意方式起跑。听到发令声后快速跑动，当听到停跑声后立即停止跑动，记录受试者所跑动的距离。测2次，取最好成绩。

二、力量素质测试

力量素质是指人体神经肌肉系统在工作时克服或对抗阻力的能力。力量素质可分为最大力量、快速力量、爆发力、相对力量、力量耐力等。其根据肌肉收缩的形式可分为等张性力量和等长性力量。力量是反映人体运动能力的重要指标。

（一）最大力量的测试

最大力量既可在静态条件下测定，亦可在动态条件下测定。这种方法的优点在于，当器械以各种速度运动时都可以表现出最大力量。

1. 握力测试

握力测试测量受试者臂部、手部肌肉的力量。具体测试步骤如下。

（1）握力计指针调至零点。受试者手持握力计，转动握距调整螺丝，使中指第二关节屈成90°时为最佳握距。

（2）测试时，受试者两脚自然分开（约一脚距离），身体直立，两臂自然下垂，持握力计的手掌心向内，握力计的指针向外。用全力握握力计的内、外柄。每只手握2次，分别记录最好成绩。取最好成绩与自身体重相比为握力指数（握力/体重）。注意在用力抓握的过程中，上肢和躯干保持垂直于地面。

2. 背肌力测试

背肌力测试测量受试者背部肌肉的力量。具体方法为受试者双足站在背力计的底盘上，调节拉杆高度（拉杆高度与受试者膝盖上缘平齐）。受试者上体前倾，双手正握拉杆，身体用力上抬。注意拉杆时膝关节保持伸直，不要猛然用力。测

2 次，记录最佳成绩，然后使指针回零。

3. 卧推

卧推主要用于最大等张肌肉力量的评价，通常以能够一次成功举推的最大重量，即 1 次重复重量（1RM）的大小表示。测试过程中，卧推的起始重量通常低于 1RM 重量，在成功完成该负荷的测定后，休息 2～3 分钟，继续推举新的重量直至 1RM 重量。一般情况下，每次增加重量的幅度不要超过 2.5 千克。具体步骤见表 4-7。身体其他部位、下肢最大力量（半蹲）的测试遵循同样方法。

表 4-7 1RM 测试方法及步骤

步骤	强度	重复次数	备注
1	60％左右	8～10	热身
2	75％左右	3～5	热身
3	90％	1	——
4	100％	1	——
5	100％＋2.5 千克	1	注意帮助

注：举不起来时可适当减重，组间休息 2～3 分钟。

4. 等速测试

等速测试可以测量人体各个关节的最大力量、力量耐力、爆发力，可以利用专门的仪器通过数据对比对人的肌肉状况进行诊断。速度是可调的，而且测试过程中随时可以停止，因此等速测试极为安全，也被广泛用于肌肉康复练习。利用等速测试实施肌力量检测与评价通常是在 30～180 度/秒的关节运动角速度，在慢等速运动条件下进行时，加载于肢体的负荷阻力最大，因此，慢等速测试常被用于进行最大动态肌力检测与评价。

等速肌肉力量测试的主要评价指标为峰力矩（Peak Torque，PT），它是力矩曲线最高点所代表的力矩值，单位为牛·米。每千克体重的峰力矩称为峰力矩体重比。此值可供横向比较，有高度特异性及敏感性，是最有价值的动态肌肉力量评价指数之一。以膝关节伸肌为例，受试者坐于等速肌肉力量测试系统的测试椅上，腿部、躯干固定。调节等速肌力测试系统的膝关节运动角速度为 60 度/秒，设定最大运动重复次数为 5 次。运动试验开始时，要求受试者尽最大努力完成膝关节屈伸运动，记录受试者每次最大收缩的结果，取最大值代表膝关节伸肌的最大等速肌力。

利用等速测试评定力量时，要注意根据专项特点制定不同的评定标准，还要重视对对抗肌群力量的评定。在评定伸肌力量时，要重视对屈肌力量的评定，既要重视对局部主要运动环节力量的评定，又要重视对整体用力效果的评定。

（二）快速力量的测试

快速力量的大小，通常可采用动力曲线描记图分析评定，如下肢蹬地力量或上肢击打力量的动力曲线描记图。计算快速力量指数也可用于评定快速力量。三维测力台和上述等速测力仪都可以用于快速力量和下肢爆发力的测试。

（三）爆发力的测试与评定

爆发力指肌肉快速收缩发出的力，是完成许多动作和位移运动必不可少的重要素质，常以立定跳远或原地纵跳来评定下肢的爆发力。

1. 立定跳远

立定跳远用来测试下肢肌肉力量及身体协调能力的发展水平。测试方法如下。

（1）被测者两脚自然分开站立，站在起跳线后，脚尖不得踩线。

（2）两脚原地同时起跳，不得有垫步或连跳动作。

（3）丈量起跳线后缘至最近落地点后缘的垂直距离。

（4）跳3次，记录其中最好一次成绩。以厘米为单位，不计小数。

2. 原地纵跳

原地纵跳主要反映受试者垂直向上跳跃时下肢肌肉的爆发力。首先测量受试者原地摸高（指尖）的高度，然后原地用力向上跳起，达腾空最高点时做一标记，测量站立摸高与起跳摸高的垂直距离即为纵跳高度。测3次，取最好成绩。

（四）相对力量的测试

相对力量是指每千克体重所具有的最大力量，所以其评定可在对最大力量测定的基础上进行。最大力量与体重之比值为相对力量（每千克体重）。

（五）力量耐力的测试

对力量耐力的评定多采用多次重复完成动作的方法，根据重复的次数进行评定。其通常采用1分钟仰卧起坐、俯卧背伸计时、1分钟俯卧撑等方法进行测试。

1. 仰卧起坐

仰卧起坐测量受试者腰腹部肌肉的力量耐力。

受试者全身仰卧于垫上，两腿屈膝成 90 度角，两手指交叉贴于脑后，一同伴压住受试者两腿关节处。起坐时，以双肘触及同侧膝关节为成功一次。仰卧时，两肩胛骨必须触垫。测试时，测试人员发出"开始"口令开始坐起，同时开始计时，记录 1 分钟所完成的次数，注意控制脊柱不宜过度弯曲。表 4-8 为普通人 1 分钟仰卧起坐评定标准。运动员仰卧起坐能力要明显好于普通人。

表 4-8　普通人一分钟仰卧起坐评定标准　　　　　单位：次

年龄组		1 分（差）	2 分（一般）	3 分（较好）	4 分（好）	5 分（优秀）
20～24 岁	男	23～27	28～35	36～47	48～55	≥56
	女	1～5	6～15	16～25	26～36	≥37
25～29 岁	男	20～25	26～33	34～45	46～50	≥51
	女	1～3	4～11	12～20	21～30	≥31
30～34 岁	男	16～20	21～28	29～39	40～46	≥47
	女	1～3	4～10	11～19	20～28	≥29
35～39 岁	男	12～18	19～25	26～35	36～42	≥43
	女	1～2	3～6	7～14	15～23	≥24

2. 1 分钟俯卧撑

测试受试者肩部、臂部和胸部的肌肉耐力。

受试者身体成俯卧姿势，并用两手撑地，手指向前，两手间距与肩同宽，两腿向后伸直，用脚尖撑地。然后屈臂使身体下降，使肩与肘接近同一个平面，躯干、臀部和下肢要挺直，当胸部离地 2.5～5 厘米时，撑起恢复到预备姿势为完成一次。在 1 分钟之内连续完成以上动作，计算总的完成次数。

严格按要求完成动作，不能塌腰和抬臀，否则不计次数。普通男子 1 分钟俯卧撑标准见表 4-9。

表 4-9　普通男子 1 分钟俯卧撑评价标准　　　　单位：次

年龄组	1 分（差）	2 分（一般）	3 分（较好）	4 分（好）	5 分（优秀）
18～20 岁	4～11	12～19	20～29	30～39	≥40
21～22 岁	3～9	10～16	17～25	26～33	≥34

三、耐力素质测试

耐力是体能的组成部分，也是人体运动能力的构成要素。训练学理论把耐力素质看作人体在尽可能长的时间内进行一定强度运动的能力。许多项目在进行运动竞赛时要持续一定长的时间，因此耐力也被看作对抗疲劳的能力。耐力是一种综合能力，是人体各器官系统机能和意志品质的整体表现，同时耐力素质指标可以用来评价人体机能水平和体质强弱。耐力素质可以进行如下分类：第一，按人体生理系统，把耐力素质分为肌肉耐力和心血管耐力。其中肌肉耐力与力量有关，故又称为力量耐力；心血管耐力与氧的供应与利用有关，可分为有氧耐力和无氧耐力。第二，按耐力素质与专项的关系，可以把耐力素质分为一般耐力和专项耐力。一般耐力是基础性耐力，对专项运动成绩的提高只能起间接作用；专项耐力是指与提高专项运动成绩有直接关系的耐力，具体地讲是指以一定的强度维持专项比赛动作的能力。

评定有氧耐力的方法有很多，经常采用的方法是定距离的计时位移运动，如 1500～10000 米跑、400～3000 米游泳、100～200 千米自行车骑行及 5000～10000 米划船等，还有定时计距的 12 分钟跑（表 4-10）等。上述基础体能的耐力测试仍然有效，方法相同，不再赘述。

在耐力测试中最大摄氧量较为常用，其既可以用来判定耐力水平，也可以用来指导耐力的训练。我国正常成年男子最大摄氧量为 3.0～3.5 升/分，相对值为 50～55 毫升/（千克·分）；女子绝对值为 2.0～2.5 升/分，相对值为 40～45 毫升/（千克·分）。

表 4-10 普通人（12 分钟跑）最大有氧能力评定表　　　　单位：米

体能水平		年龄			
		30 岁以下	30～39 岁	40～49 岁	50 岁以上
很差	男	<1600	<1500	<1400	<1300
	女	<1500	<1400	<1200	<1000
差	男	1600～1999	1500～1799	1400～1699	1300～1599
	女	1500～1799	1400～1699	1200～1499	1000～1399
一般	男	2000～2399	1800～2199	1700～2099	1600～1999
	女	1800～2199	1700～1999	1500～1799	1400～1699
好	男	2400～2799	2200～2599	2100～2499	2000～2399
	女	2200～2599	2000～2399	1800～2299	1700～2199
很好	男	>2800	>2600	>2500	>2400
	女	>2600	>2400	>2300	>2200

四、柔韧素质测试

柔韧素质是指人体关节在不同方向上的运动能力以及肌肉、韧带等软组织的伸展能力。柔韧素质通过关节运动的幅度，按一定的运动轴产生转动的活动范围表现出来。柔韧素质分为一般柔韧素质和专门柔韧素质。一般柔韧素质是指机体中最主要的那些关节活动的幅度，如肩、膝、髋等关节，这对任何运动项目都是必要的。专门柔韧素质是指专项运动所需要的特殊柔韧性，如武术运动中的下腰、体操运动中的横叉等。专门柔韧素质是掌握专项运动技术必不可少的条件。

测量与评定柔韧素质带有局部性的特点，其测量方法和手段均涉及身体有关部位完成动作时的活动幅度。一般来说，年龄越小，柔韧性越好，随着年龄的增大，柔韧性会越来越差。良好的柔韧素质不仅是运动所需，也可以防止受伤。另外，柔韧性并不是越高越好，要根据专项需要，过度的柔韧性练习会对关节稳定性带来不利的影响。柔韧素质对不同年龄的人都是非常重要的，要保持良好的柔韧性需经常进行牵拉练习，自身用力的大小应依自我感觉来安排。

常用测试方法主要有坐位体前屈、肩部柔韧性、立位体前屈、新坐位体前屈、俯卧背伸、转肩、转体、肩臂上抬（俯卧抬臂）等。下面主要列举几种常用方法。

（一）肩部柔韧性测试

肩部柔韧性测试评价的是肩关节的活动范围。测试方法如下：站直后，举起右手，前臂向体后下方弯曲，并尽量向下伸展，同时，用左手在体后去触及右手，尽可能地使两手手指重叠。完成右手在上的测试后，以相反的方向进行测试（即左手在上）。一般总是一侧的柔韧性要好于另一侧，但相差过大说明肩关节存在隐患。

（二）立位体前屈

立位体前屈测量髋关节和腰椎的灵活性及有关肌肉、韧带的伸展性。测试方法如下：受试者两脚尖分开5～10厘米，并与平台前沿齐平，脚跟并拢，两腿伸直，上体尽量前屈，两臂平指伸直，两手并拢，用两手中指尖轻轻推动标尺上的游标下滑，直到不能继续下伸时为止，记录刻度读数（以厘米为单位）。测2～3次，取最佳成绩。

（三）俯卧背伸

俯卧背伸测量脊柱的伸展性。测试方法如下：受试者取直腿端坐姿势。置挠度尺于两腿间，测量其坐高（鼻尖至地面之距）。然后，受试者俯卧于地，双手背叠于臀上，腿伸直。由一同伴按压其两大腿，受试者尽力向后仰体抬头。测试者在其前方，直尺的零端置于地面，当受试者后仰至最高点时，迅速上移引尺直至引尺上端触及其鼻尖（要求后仰至最高点并保持1～2秒的稳定，以便测量）。测量2～3次，记录量尺的读数（以厘米为单位），取最佳成绩。用坐高减去最佳观测值，取其差为成绩（坐高－后仰高度）。

（四）转体

转体主要测量腰部的柔韧性。测试方法如下：在平坦地面铺一画有0度～180度直线的图纸，准备系有锥形重物的约1米长木棍一根。受试者两脚开立约30厘米，立于0度～180度直线上，双肘屈曲于体后夹住木棍，使锥尖正对0度位置，向左、右各缓慢转体两次。以转体角度为测量值，取两次测试的平均成绩为测验成绩。

五、灵敏素质测试

灵敏素质是指在各种突然变换的条件下，机体迅速、准确、协调地改变身体运动的空间位置和运动方向的能力，如急起急停、左右滑步。灵敏性在很大程度上依赖于神经肌肉的协调性、反应时间和爆发力。灵敏素质可分为一般灵敏素质和专门灵敏素质两类。评定灵敏素质的方法有很多，如反复横跨测试、象限跳测验、滑步倒跑测验、"十"字变向跑及综合性障碍等。

（一）反复横跨测试

反复横跨测试受试者迅速、协调地变换身体方向的能力。

在平坦地面上，间距为 120 厘米画 3 条平行线。预备时，受试者两脚分开落于中线两侧。听到"开始"口令，先向右跨，即右脚落于右边线外，左脚落于右边线内；然后回到预备时位置；再继续向左跨，同上面右腿动作；再回到预备时位置。凡完成上述 1 组练习者，为完成 1 次，每完成 1 次计 4 分。每次测试为 20 秒，记录其完成次数和相应得分。可测 2 次，取最佳成绩。

（二）象限跳测试

象限跳测量受试者在快速跳跃中，支配肌肉运动和克服身体惯性的能力。

受试者站在起点线后，听到信号即以双脚跳入第一象限，然后依次跳入第二、三、四象限（图 4-3）。按此法反复跳 10 秒，每跳入 1 个象限计 1 次。要求跳跃时必须双脚同时起跳，同时着地。路线或跳错象限不计次数，测 2～3 次，每次 10 秒，记录完成次数，取最佳成绩。

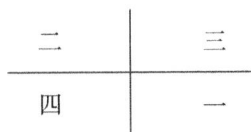

图 4-3　象限跳测试

（三）立卧撑测试

立卧撑测量受试者迅速、准确、协调地变换身体姿势的能力。

受试者并腿直立为开始姿势，屈膝至蹲撑，两脚后撤伸直成俯撑，再收腿成蹲撑姿势，然后站起还原成开始的姿势，共进行 10 秒，计其正确完成动作的次数。每名受试者由一名测试者测试。下蹲时手撑地之处距足过远，俯卧时身体不直、屈肘，收腿距手过远，站立不直等，均不计数。计算方法同上。

第四节　核心力量与功能性训练的测试与评价

一、核心力量的测试与评价

在竞技体育中，任何项目的教练员和运动员都在寻求最有效的训练方法与手段。对于核心力量训练也同样需要一个准确的评价手段，这为每一个阶段训练计划的制订和准确评价一个运动员进行核心力量训练后机体能力的变化提供了有力的参考。核心力量测试的主要内容包括腰腹肌力量的大小，以及保持屈伸稳定、核心稳定和旋转稳定性的能力。核心力量的测试不仅可以帮助教练员和运动员发现弱势肌群，评价运动员的核心稳定状态，还可以让教练员了解运动员实际的运动状态，便于合理制订训练计划和训练任务。

（一）俯卧撑测试

测试方法：俯卧，双脚并拢，双手分开略比肩宽，躯干和膝关节均着地。男运动员的拇指与头顶在同一平面上，女运动员的拇指与下颌成一条线，练习者向上撑起，整个身体同时抬起。该方法仅用于对普通人群的基本测试，或是用于对伤病康复情况的判断。

评价标准：要求整个身体平直，没有塌腰拱背动作，两臂、肩平衡用力。

优秀：在规定姿势下很好地完成动作 1 次。

合格：在降低难度的姿势下完成动作 1 次。

不合格：在降低难度的姿势下无法完成动作。

（二）八级腹桥测试

（1）第一级：俯卧支撑 60 秒（双手双脚着地，手指朝前、身体平直、手臂伸直）。

（2）第二级：俯卧支撑抬左脚 15 秒。

（3）第三级：俯卧支撑抬右脚 15 秒。

（4）第四级：俯卧支撑抬左手 15 秒。

（5）第五级：俯卧支撑抬右手 15 秒。

（6）第六级：俯卧支撑抬右脚和左手 15 秒。

（7）第七级：俯卧支撑抬左脚和右手 15 秒。

（8）第八级：回到第一级姿势 30 秒。

上述测试标准的对象为成年男子，优秀选手或者专门训练者可以达到八级。小学生、中学生和成年女子在测试中可适当降低难度，将俯卧支撑姿势换成膝关节着地的跪姿八级腹桥测试。此外，也可以降低动作难度，采用俯卧肘支撑的八级腹桥测试。

（三）七级背桥

（1）第一级：T 形背桥。动作要领：两臂侧平举贴于地面，与身体成 T 形。向上顶起髋部，大腿小腿约成 90 度，脚跟着地，勾脚尖。时间可参照腹桥标准。

（2）第二级：双手合十向前（上）。

（3）第三级：右腿髋屈膝伸勾脚尖。

（4）第四级：左腿髋屈膝伸勾脚尖。

（5）第五级：右腿外摆 45 度。

（6）第六级：左腿外摆 45 度。

（7）第七级：回到 T 形背桥（同第一级）。

（四）六级侧桥

（1）第一级：侧卧，肘支撑，两脚前后开立，与支撑手臂成三点支撑，非支撑手臂侧平举（向上），髋部保持中立位置，不下沉。时间可参照腹桥标准。练习时可直臂支撑以增加难度。

（2）第二级：两脚相靠。

（3）第三级：非支撑腿外展。

（4）第四级：非支撑腿屈髋 45 度。

（5）第五级：非支撑腿伸髋 45 度。

（6）第六级：两脚相靠。换另外一侧进行。

（五）侧卧支撑

测试方法：侧卧于垫上，以前臂和脚支撑，身体成一条直线，根据支撑时间来进行评价。主要用于普通人测试。

1. 大学生评价标准

（1）优秀：在规定姿势下能够很好地坚持 60 秒。

（2）良好：在规定姿势下能够坚持 40 秒。

（3）及格：在规定姿势下能够坚持 20 秒。

（4）不及格：不能在规定姿势下完成动作并坚持 20 秒。

2．中学生评价标准

（1）优秀：在规定姿势下能够很好地坚持 40 秒。

（2）良好：在规定姿势下能够坚持 20 秒。

（3）及格：在规定姿势下能够坚持 10 秒。

（4）不及格：不能在规定姿势下完成动作并坚持 10 秒。

3．小学生评价标准

（1）优秀：在规定姿势下能够很好地坚持 15 秒。

（2）良好：在规定姿势下能够坚持 10 秒。

（3）及格：在规定姿势下能够坚持 5 秒。

（4）不及格：不能在规定姿势下完成动作并坚持 5 秒。

二、功能性训练的测试与评价

（一）功能性动作筛查（FMS）

功能性动作测试（Functional Movement Screen，FMS）又称为功能性动作筛查，是在 20 世纪 90 年代由美国的 Gray Cook 和 Le Burton 等人设计出来的。它是一种通过基本动作模式来预测运动风险的筛查系统。此方法通过测试受试者的功能性动作、神经肌肉系统控制等方面表现出的稳定性和灵活性，以及在运动过程中潜存的动作补偿问题，来判断机体运动链的完善，降低运动过程中存在的风险。FMS 测试的每个测试动作都有严格的评分标准，评分分为 3 分、2 分、1 分。FMS 测试分四个等级，累积分值为 21 分（单侧），低于 14 分说明受试者受伤的风险要高于正常人 15％～51％，需要引起重视，进行矫正训练。作为一种革新性的动作模式质量评价系统，FMS 简便易行，可以广泛用于各种人群的基础运动能力（灵活性和稳定性）评价。

功能性动作测试，反映的是人体的基本运动能力。通过深蹲、跨栏架、旋转等七个基本动作模式的测试，可以发现在完成基本动作时人体各环节、部位的局限性因素或均衡性问题，测试结果可以作为制订运动训练计划的依据。在进行测试时，要求受测者严格按照动作要领做出规定动作，最大幅度地完成运动。测试动作虽然简单，但可以判断受测者在动作的控制、稳定等方面的表现。如果受测者的稳定性、灵活性不足，身体某些部位不平衡，其薄弱环节就会充分表现出来（表4-11）。

表 4-11　功能性动作测试的动作名称和目的

动作名称	测试目的
深蹲	评价肩胛区、肩关节、胸椎的灵活性和稳定性
跨栏架步	评价双踝、双膝、髋部两侧的灵活性和稳定性
直线弓箭步	评价背阔肌、股直肌的灵活性及髋、踝、脚的灵活性和稳定性
肩部灵活性	评价肩关节、肩胛骨的灵活性以及胸椎的伸展性
主动直膝抬腿	评价小腿后侧肌群和异侧大腿后侧肌群的灵活性
躯干稳定俯卧撑	评价上肢力量的大小及核心稳定性
躯干旋转稳定性	评价上下肢运动时骨盆、核心部位及肩带的稳定性

根据经验，即使高水平竞技运动员也不一定能完美地完成这些简单的动作。有些人在完成这些测试时，使用了代偿性的动作模式。如果以后他们继续使用这种代偿性动作，客观上就会强化这种错误的动作模式，最终会使动作的运动生物力学特征非常差，甚至造成受伤。要注意这类测试只能判断人的功能性动作情况，并不能直接反映运动能力。

1. 深蹲

这一动作可以评价髋、膝和踝关节的双侧均衡性和功能灵活性。通过观察举在头顶上的木杆，可以评价肩和胸椎的双向性、对称灵活性。若想成功地完成这一动作，运动员需要良好的骨盆结构、踝关节闭合运动链背屈、膝关节的弯曲、胸脊的伸展以及肩关节弯曲和外展。各个动作可以根据动作表现进行打分（表4-12）。

表 4-12　功能性动作测试评分标准

分数	评分标准
3	准确地完成某个动作测试
2	具有能够完成某个动作的能力，但是不够准确或需要一些补偿
1	不能完成某个动作的测试
0	测试过程中受测者出现疼痛

2. 跨栏架步

这一动作需要受测者髋部与躯干在完成踏跳动作时具有正确的协调性和稳定性，同时也要有单腿站位的稳定性。跨栏架测试可以评估髋关节、膝关节和踝关节双侧功能灵活性和稳定性。踏步测试时，需要支撑腿的踝关节、膝关节和髋关节表现稳定，以及髋关节闭合运动链最大扩展。同时要求踏步腿踝关节开放运动链背屈以及膝关节和髋关节弯曲。受测者需要表现出足够的动态平衡能力。

3. 直线弓箭步

本测试所采用的动作姿势主要是模拟旋转、减速和侧向的动作。直线弓箭步测试中，下肢呈绞剪姿势，这时身体躯干和下肢扭转，保持正确的连接。本测试可用于评估躯干、肩部、髋和踝关节的灵活性与稳定性、股四头肌的柔韧性和膝关节的稳定性。受测者要想较好地完成这一动作，就需要后腿（站立腿）踝关节、膝关节和髋关节以及相关闭合运动链具有稳定性。同时也需要前跨腿（踏步腿）髋关节灵活性、踝关节具有背屈能力。由于受测者要进行扭转动作，所以必须具有足够的稳定性。

4. 肩部灵活性

肩部灵活性评估双侧肩的运动范围，以及内收肌的内旋和外展肌的外旋能力。完成规定动作时，需要正常的肩胛骨灵活性和胸椎的伸展，以及外展/外旋、弯曲/伸展与内收/内旋组合动作时肩部的灵活性和肩胛与胸椎的灵活性。

5. 主动直膝上抬腿

通过主动直膝上抬腿动作可以测试在躯干保持稳定的情况下，下肢充分分开的能力。本测试可以用以评价在盆骨保持稳定、对侧腿主动上抬时，腘绳肌与腓肠肌、比目鱼肌的柔韧性。若要较好地完成这一动作，需要受测者腘绳肌具有良好的功能柔韧性，与一般测试的被动柔韧性不同，该测试也能反映运动员对侧腿髋关节灵活性以及腹下部肌肉的稳定性。

6. 躯干稳定俯卧撑

俯卧撑是一个简单的动作，但从功能性的视角来看，它可以从前后两个维度反映运动员维持脊柱稳定性的能力。俯卧撑是上肢的闭合运动，上肢和肩部做对称性动作，躯干在矢状面上维持稳定。人体完成的众多动作都需要躯干保持足够的稳定，使力量在上肢和下肢、左侧和右侧的传递过程中保持均衡，减少损失。

如果在做俯卧撑动作时，躯干稳定性欠缺，力量在传递的过程中就会减弱，导致功能性表现下降，这也反映出某部位存在伤病的隐患。

7. 躯干扭转/旋转稳定性

该动作比较复杂，需要受测者具有良好的神经肌肉协调能力，以及将力量从身体的某一部分转移到另一部分的能力。其可用以评价在上、下肢同时运动时，躯干在多个维度上的对称稳定性。如果稳定性不强，力量在传递的过程中减弱，功能性表现下降，损伤的可能性就会增加。

FMS 是一项评价技术，通过测试功能性动作来发现受测者灵活性与稳定性方面的不平衡。这种评价技术可以放大受测者动作补偿的问题，从而使我们更容易发现问题。也正是这些动作上的瑕疵会导致运动链系统出现故障，并使受测者在活动时动作效率不高，并有受伤的风险。通过查明与本体感觉相关的、灵活性与稳定性等方面的功能性问题，可以减少运动损伤的可能性，并通过针对性的训练来提高运动表现。

（二）选择性功能动作评价

与 FMS 动作筛查不同，选择性功能动作评价主要是通过人体做动作时出现的疼痛，来反映可能的不良性功能。选择性功能动作是多种多样的，通过各种动作来激发各种疼痛和功能不良的出现，它的目的不是反映动作是否完善，而是要找出可能存在的缺陷，寻找动作模式链中最薄弱的环节。这一点非常重要，因为通常运动员的伤病产生是一个积累的过程，早期往往很难感觉和发现，而选择性功能动作评价就提供了一个发现可能导致伤病隐患的机会，有利于完整地认识人体的功能状态，建立系统的动作行为观念。

与功能性动作筛查相比，选择性功能动作评价的标准和分级是完全不同的，不是按功能性动作测试评分的 3 分、2 分、1 分、0 分来进行动作分级，而是根据疼痛和动作质量两个变量之间的相互作用（即 FN、FP、DP、DN 四种模式）来进行分级评价（表 4-13）。选择性功能动作评价的相关动作名称和目的见表4-14，实践中可以根据项目和个人需要选择进行，也可以自行设计动作对有问题的部位加强训练。

表 4-13 选择性功能动作评价标准

级别	功能和症状
FN	功能或动作模式正常，无痛
FP	功能或动作模式正常，疼痛
DP	功能不良或动作模式受限，疼痛
DN	功能不良或动作模式受限，无痛

表 4-14 选择性功能动作评价的相关动作部位和目的

名称	目的
颈椎	评价颈椎屈曲、伸展、转动的程度以及枕骨–寰椎联合的灵活性
各种上肢动作模式	评价肩部内外旋转、伸展、屈曲、内收和外展的活动能力
多环节屈曲	评价脊柱和髋关节的屈曲能力
多环节伸展	评价髋关节、肩关节、脊柱正常的伸展能力
多环节转动	评价躯干、盆骨、髋部、颈部、双膝和脚的灵活转动能力
单腿站立	评价动、静态姿势下，每条腿的独立稳定性
双臂上举深蹲	评价双踝、双膝、髋部的两侧对称灵活性

第五章　身体形态、身体机能及训练

第一节　身体形态的概念及其意义

一、身体形态的概念

身体形态是指人体外部与内部的形态特征。反映外部形态特征的指标有高度（身高、坐高、足弓高等），长度（腿长、臂长、手长、头长、颈长、足长），围度（胸围、臂围、腿围、腰围、臀围等），宽度（头宽、肩宽、髋宽）和充实度（体重、皮脂厚度等）等。反映内部形态的指标有心脏纵横径、肌肉的形状与横断面等。

科学研究证明，环境（自然地理环境）和遗传等因素对身体形态有很大影响。例如，人体形态特征服从于伯尔格曼和阿尔林气候法则，即在恒温动物范围内，人类身体尺寸通常随环境气温的降低而增加。生活在低纬度环境中的人通常具有体重小，四肢长，肩、髋狭窄的体格特征；生活在高纬度环境中的人具有胸廓、骨架发达，躯干长，四肢短的体形特点；而久居高原、高山地区的人，其形态特征则是胸廓外形和骨骼长度相对增加，主要生理特征为肺活量大，血液中氧饱和度增加。不同地区人体形态的变化表明，人的身体形态结构特点在很大程度上依附于自然地理环境。此外，从遗传因素来讲，男子的身高遗传力为 0.79，女子为 0.95；而男子的体重遗传力只有 0.50，女子只有 0.42。决定身体形态的其他一些指标也有相当大的遗传性（表 5-1）。

表 5-1　影响身体形态的遗传与环境因素

身体形态	男		女	
	遗传因素	环境因素	遗传因素	环境因素
身高	79%	21%	95%	5%
坐高	85%	15%	85%	15%
体重	50%	37%	42%	58%

身体形态	男		女	
	遗传因素	环境因素	遗传因素	环境因素
去脂体重	87％	13％	78％	22％
头宽	95％	5％	76％	24％
头围	94％	6％	72％	28％
肩宽	78％	22％	78％	22％
胸宽	54％	46％	55％	45％
胸围	50％	50％	50％	50％
腰宽	79％	21％	63％	37％
盆宽	75％	25％	85％	15％
臂长	80％	20％	87％	13％
臂围	65％	35％	60％	40％
腿长	77％	23％	65％	35％

二、身体形态的意义

（1）身体形态与运动成绩有密切联系，不同的运动项目对身体形态有不同的要求，而遗传和环境等对身体形态起着重要的决定作用，因此，选才时应从遗传等多因素出发，把具有优越身体形态条件的儿童少年挑选出来。

（2）身体形态在一定程度上反映着相应的生长发育水平、身体机能水平和竞技水平，影响着运动素质的发展。因此，应采用系统科学的方法对运动员的身体形态进行训练，以创造优异的专项成绩。

第二节　身体形态训练的方法与要求

一、身体形态训练的方法

体能训练和专项训练是运动员身体形态训练的主要途径。其原因主要在于以下两点。

第一，科学、系统而又适合专项需要的各种体能训练方法对身体形态都有积极影响。根据需要运用相应的体能训练方法，可以对运动员的身体形态产生最佳影响，有利于创造优异的专项运动成绩。

第二，任何科学合理的专项训练手段对促使身体形态向专项需要的方向发展都有显著的作用和积极的促进，几乎所有项目运动员的身体形态训练基本上都是通过专项训练手段和专项训练方法实现的。因此，专项训练是改善和提高身体形态的重要内容。

此外，其他一些特定的形体训练手段，如舞蹈、芭蕾、健身操、持轻器械体操等，对提高运动员的协调能力、节奏感以及形成良好的运动姿态和身体姿势都有积极意义。

二、身体形态训练的要求

（一）应注意遗传因素的影响

在运动员身体形态各项指标中，有的指标遗传度很高（如高度、长度和宽度指标），有的指标遗传度较低（如体重等充实度指标）。因此在选才时，应重视高度、长度和宽度等形态指标，而与肌肉有关的体重等充实度指标，则应更多地依靠后天的训练加以改善和提高。

（二）要根据项目特点安排身体形态训练

各个专项竞技能力的主导因素不同，而这些专项竞技能力又都对特定的身体形态具有一定的依赖性，因此，必须根据专项的需要及其对竞技能力的需求特点安排相应的身体形态训练方法与手段。

（三）要根据生长发育的形态特征安排身体形态训练

人体在不同年龄阶段的生长发育有不同的特征，一般是先增长高度，后增长宽度、围度和充实度。心脏发育过程中先加大心脏容量，后增厚心壁肌肉，与其相应的竞技能力发展的敏感期亦有不同，身体形态训练应与之相适应，而不可颠倒。

（四）要采用多种方法和手段改善身体形态

影响身体形态的因素有很多，如遗传、环境（自然地理环境、气候等）、饮食习惯等都会在一定程度上决定或影响运动员的身体形态，因此身体形态的训练不能只从训练的角度出发，也应注意其他手段的运用。例如，技能主导类表现难美性项目体操、艺术体操、花样滑冰、跳水、健美、健美操等对运动员体形和相对力量等都有很高要求；而摔跤、拳击、举重、散打、跆拳道等按体重分级的项目除了大级别外，对体重均有限制，对相对力量水平等体能素质也有很高要求。因此，运动员必须注意饮食和营养的控制，要养成良好的饮食习惯。

第三节　身体机能及其训练

良好的身体机能是达到高水平体能的重要基础，身体机能水平也是体能训练涉及的重要内容之一。

一、身体机能的概念

身体机能是指运动员有机体各器官系统的功能。它是身体活动能力的基础，某一机能水平直接影响着运动时所需要的某一方面能力。

人体生理机能包括中枢神经系统、心血管系统、呼吸系统、消化系统、生殖系统、内分泌系统、物质和能量代谢、感官、体温等。运动训练中经常涉及的身体机能指标主要有以下这些指标：心血管系统中的心率、血压、血红蛋白、心血管系统运动负荷（哈佛台阶试验）、心电图；呼吸系统中的肺活量、呼吸频率、最大摄氧量；肌肉结构中的肌纤维数量、长度、类型；感官功能中的视觉、听觉、平衡机能；高级神经活动类型，血睾酮等。

身体机能的许多指标具有强烈的遗传特征，因此必须从遗传学角度选择身体机能突出的儿童少年，为将来出成绩打下基础。身体机能的某些指标又是有变异性的（如肺活量的遗传性较小，后天训练改变的幅度大），因此应采用科学的训练方法，提高运动员身体机能，为取得高水平运动成绩奠定基础。

某一机能水平直接影响着运动时所需要的某一方面能力。例如，体能主导类耐力性项目需要突出的心血管和呼吸系统功能；体能主导类速度力量项目需要突出的神经系统、骨骼肌肉系统、心血管系统功能；技能主导类表现难美性项目需要良好的心血管系统、神经系统和视觉、听觉等感官系统功能；技能主导类表现准确性项目对中枢神经系统以及高级神经活动类型功能要求很高；而技能主导类同场对抗项目对中枢神经系统、心血管系统、呼吸系统、高级神经活动类型等均有很高要求。系统论认为，人体是一个完整系统，各器官系统功能都是相互制约、相互影响的，因此必须全面发展和提高身体机能，以适应高水平运动训练的需要。

二、身体机能的训练

良好的身体机能是取得高水平运动成绩的先决条件。身体机能的许多指标既受遗传决定，也受环境影响，同时又有变异性，因此必须采用系统、科学的方法提高身体机能。身体机能的训练主要通过体能训练、专项训练的途径去实现。科学合理的体能训练、专项训练可以有效地发展运动员的身体机能；同时，运动员身体机能水平的提高又能有效地促进体能训练水平和专项成绩的提高与发展。

第六章　各项群儿童青少年体能训练

第一节　竞技项目的分类体系

科学地认识竞技项目的分类体系有利于分辨各项目的共同点和差异点，而深刻认识其本质属性和固有规律有利于各种训练方法的相互借鉴和迁移，以提高体能训练水平。

关于竞技项目的分类，国内外学者都曾进行过研究。由于采用的分类标准不同，分类结果有很大差异。目前较有代表性并在体能训练中有较大应用价值的分类体系是按竞技能力的主导因素、动作结构和成绩评定方法进行分类（表6-1、表6-2、表6-3）。学习和掌握这三种分类体系对指导儿童青少年的体能训练具有重要意义。

表 6-1　按竞技能力的主导因素分类

大类	亚类	项目
体能主导类	快速力量性	跳跃、投掷、举重
	速度性	短距离跑（100米/200米/400米）、短距离游泳（100米）、短距离速度滑冰（500米）、短距离赛场自行车
	耐力性	中长距离竞走、跑、速滑；中长距离游泳；越野滑雪；长距离自行车；划船
技能主导类	难美性	体操、艺术体操、技巧、跳水、花样滑冰、花样游泳、冰舞、武术（套路）
技心能主导类	准确性	射击、射箭、弓弩
技战能主导类	隔网对抗性	乒乓球、羽毛球、网球、排球
	同场对抗性	足球、手球、冰球、水球、曲棍球、篮球
	格斗对抗性	摔跤、柔道、拳击、击剑、武术（散打）
	轮换攻防对抗性	棒球、垒球、板球

表 6-2　按动作结构对竞技项目的分类

大类	亚类	项目
单一动作结构	非周期性	铁饼、铅球、链球、举重、跳台滑雪
	周期性	跑、竞走、游泳、自行车、射击、射箭、长距离滑雪、速度滑冰、划船
	混合性	跳高、跳远、标枪、三级跳远、撑竿跳高
多元动作结构	固定组合	体操单项、武术单项、艺术体操单项、技巧、花样游泳、马术、回旋滑雪、自由式滑雪
	变异组合	篮球、手球、足球、水球、曲棍球、冰球、乒乓球、羽毛球、网球、排球、拳击、摔跤、柔道、棒球、垒球
多项组合结构	同属多项组合	田径男子十项和女子七项全能、速滑全能、体操全能、艺术体操全能、武术全能
	异属多项组合	现代五项、冬季两项、铁人三项

表 6-3　按运动成绩评定方法对运动项目的分类

类别	项目
测量类	田径、游泳、速度滑冰、滑雪、自行车、划船、举重、射击、射箭
评分类	体操、艺术体操、技巧、花样游泳、跳水、武术、马术、花样滑冰
命中类	篮球、手球、足球、水球、曲棍球、冰球、击剑
得分类	乒乓球、羽毛球、网球、排球、棒球、垒球
制胜/命中类	拳击、摔跤、柔道、跆拳道

第二节　体能主导类快速力量性项目儿童青少年体能训练

体能主导类快速力量性项目主要包括田径中的跳跃类项目、投掷类项目以及举重等要求运动员具有高度爆发力的项目。这些项目主要以力量为主，速度为辅。其主要特点是要求练习者在很短的时间（或瞬间）内最大限度地发挥出体能潜力。这既要求运动员具有突出的最大力量、速度力量，又要求运动员具有很快的速度水平，并且要把力量和速度有机地结合起来。

体能主导类快速力量性项目包括众多专项，运动员的身体形态也有一定的差异。而在身体机能上，则统一表现为神经过程的灵活性较高，神经冲动的传导速度快、强度大，心血管系统的功能较强，抗缺氧能力强，机体无氧代谢水平高。

体能主导类快速力量性项目儿童青少年体能训练的内容有以下特点：训练内容具有突出的专项化特征；体能训练与技术训练高度结合；不断寻求训练方法与手段的最佳组合，强调训练的整体效益；先进有效的训练方法在本项群内传播迅速；本项群内训练方法与手段的迁移与融合，不断演化并形成新的方法和手段，丰富了本项群体能训练的内容。

一、跳跃类项目

跳跃类项目主要包括田径运动中的远度项目（如跳远、三级跳远）和高度项目（如跳高、撑竿跳高），以及冬季运动中的跳台滑雪等项目。这些项目既有周期性练习（如助跑阶段），也有非周期性练习，它们对身体形态、身体机能、运动素质，特别是对力量和速度素质有很高的要求。

田径跳跃类项目运动员的身体形态特征是：身材修长；在人体成分中瘦体重较大，脂肪较少；下肢占身高的比例大，小腿较长；踝围（踝关节围度）较小，跟腱较长（跳高尤为突出），人体收缩的作用力集中，有利于踝关节的蹬伸。优秀的跳高、跳远、三级跳远、撑竿跳高等项目的男子运动员的身高大多在1.85米以上，女子大多在1.75米以上。特别是跳高项目对身高要求更高。冬季运动中的跳台滑雪项目要求运动员身高适中、体形匀称。

跳跃类项目运动员的身体机能特征是：中枢神经系统机能表现为神经过程的灵活性较高，运动员对感官机能要求较高；主要靠视觉来判断步点、起跳点和踏板距离；跳高在起跳、腾空、过竿、落地等动作过程中都要求头部姿势正确，因为头部姿势正确能够刺激本体感受器，并反射性地产生状态反射，有利于保证动作的完成；能量代谢特点是运动持续时间短，主要由磷酸原系统供能；虽然爆发力较大，但总的能量消耗不多。跳高试跳次数越多，对心肺机能的要求越高。

（一）跳高运动员的体能训练

1. 力量和弹跳力训练

跳高要求有强大的肌肉力量作为基础，在起跳瞬间，利用下肢肌肉的爆发式收缩，使身体跃向可能的高度。起跳时，下肢踝、膝、髋关节同时伸直，它们的力量通过足底作用于地面，产生支撑反作用力。使踝关节跖屈的肌群主要是小腿三头肌、拇长屈肌、趾长屈肌和胫骨后肌；使膝关节伸直的肌肉主要是股四头肌；使髋关节伸直的肌群主要是臀大肌、股二头肌、半腱肌和半膜肌。为了给起跳的蹬地和摆臂动作建立巩固的支点，腹直肌和腹内、外斜肌及骶棘肌必须要有足够的力量来完成固定动作。

跳高运动员主要以发展下肢力量为主。主要练习方式有负重深蹲、半蹲跳、半蹲、脚前掌跳和起踵，主要发展小腿三头肌和足肌（足背肌和足底肌）的力量。负荷强度可分别采用大强度（80%～100%）、中等强度（70%～80%）和小强度（70%以下）。大强度多采用半蹲或适当的下蹲，每组做1～5次；中等强度多采用深蹲，每组做6～8次；小强度多采用半蹲跳、脚前掌跳和提踵练习，每组做10～20次。另外，为了发展躯干和臂部力量，可采用高抓、高翻挺、颈后负重弓身、负重仰卧起坐等练习。

跳跃练习对于发展腿部力量，特别是对发展弹跳爆发力也有重要作用。跳跃练习可采用立定跳远、立定三级跳远和多级跳、原地纵跳、蛙跳、单脚跳、跳台阶、跳绳、跳深（从50～90厘米高处跳下并立即跳起）、跳起摸高和专项跳高等练习。若将负重（杠铃）深蹲、立定跳远、跳起摸高、30米行进快跑等主要练习结合成组进行训练，效果更好。

跳跃类项目运动员主要力量练习动作和方法如表6-4所示。

表 6-4　跳跃类项目运动员主要力量练习动作与方法

部位	动作名称	作用	采用器械	运动量	
				强度	组数×次数
腿部（弹跳力）	负重屈膝半蹲提踵	发展伸膝、伸髋、屈足、屈趾肌群	杠铃、垫木	80%～85%	（6～8）×（3～5）
	负重并腿半蹲（慢速），深蹲（减重后站起）	发展伸膝、伸髋肌群	杠铃	90%～100%	（6～8）×（3～5）
	负重蹬板凳	发展伸膝、屈足肌群	杠铃、沙袋	50%～60%	4×（8～12）
	腿蹬出	发展伸膝、屈足肌群	综合练习架	60%～70%	（4～6）×（5～8）
	负重跳深	发展伸膝、屈足、屈趾肌群	方凳、沙衣	40%	（2～3）×30次
	负重蹲跳	发展伸膝、展体肌群和屈足肌群	杠铃	50%	4×（8～12）
	半蹲后负重跳台阶	发展弹跳力	杠铃、沙护腿	80%～85%	5×40级
	背人提踵	发展屈足、屈趾肌群	背人	70%～80%	6×（10～8）
	测力台静力顶杠	发展伸膝肌群	测力台用磅杆	90%～100%	4×（6～12）
	负重迈步跳	发展弹跳力	沙衣	低	3×（15～20）
	静力半蹲（单腿或双腿）	发展大腿前群及股后肌群	杠铃	90%～100%	4×6

续表

部位	动作名称	作用	采用器械	运动量	
				强度	组数×次数
躯干	斜板仰卧起坐	发展腹肌力量	铃片、沙衣	40％	（2～3）×15
	斜板收腹举腿	发展髂腰肌、腹肌的力量	对抗	40％	（2～3）×15
	两头起	发展髂腰肌、腹肌的力量	不负重		（2～3）×（25～30）
	宽上拉	发展全身爆发力	杠铃、拉力带	70％～80％	（6～8）×（3～5）
上肢	力量推	发展上肢力量	杠铃、重哑铃	70％～80％	（6～8）×（3～5）
	俯卧撑击掌	发展上肢推撑的力量	自重	70％～80％	4×（6～10）
	颈后臂屈伸	发展肱三头肌的力量	轻杠铃、铃片	50％	（2～3）×（8～12）
	弯举	发展肱二头肌的力量	轻杠铃、哑铃等	60％	（2～3）×（8～12）
	负重引体向上	发展悬垂拉引力量	铃片、负重	低	（3～4）×（10～15）
全身	高抓	发展腿、躯干、上肢的力量	杠铃	75％～90％	（6～8）×（3～5）
	高翻挺	发展腿、躯干、上肢的力量	杠铃	75％～90％	（6～8）×（3～5）

总之，不管采用哪一种训练动作和方法，都要注意完成动作的速度；每练习一组，都要放松做轻跳和跑，以使肌肉在紧张后放松。

2．速度训练

根据跳高特点，速度训练一般采用 30～60 米距离训练的方法。主要手段包括高抬腿跑、后蹬跑、60 米加速跑、30 米起跑、30 米行进间跑、60～100 米反复跑。背越式跳高运动员还应多做弯道跑。

3．耐力训练

跳高比赛一般需 2～4 小时，因此必须具备良好的专项耐力。专项耐力的提高主要通过大运动量训练、长时间的反复专项练习和高质量完成训练计划等手段来实现。多参加测验和比赛也是提高专项耐力的有效手段。

4．柔韧性和灵敏训练

发展柔韧性一般采用压腿、摆腿、踢腿、劈叉、"桥"、跨栏等专门练习。此外，武术和体操的一些柔韧练习也有很好的作用。灵敏和协调性可通过球类、体操的一些练习来发展。

（二）跳远运动员的体能训练

1．速度力量训练

跳远运动员无论是通过助跑获得的水平速度，还是通过起跳获得的垂直速度，都需要以下肢肌肉的强大爆发力作为基础。因此，快速力量是跳远运动员必备的重要素质。

发展速度力量（爆发力）可以采用降低动作难度和提高动作速度的方法，如在原地做某些模仿练习和缩短助跑距离的跳远练习等。也可以采用中等重量做负重起踵、负轻杠铃原地跳、负重弓步走，以及大重量和中等重量交替的深蹲、半蹲、半蹲跳、高立抓（抓举）、高翻挺举、双人对抗练习等。例如以下几种练习。

（1）快挺：使用重量为 20 千克的杠铃连续快挺，每组 30 次，做 4～6 组。

（2）弓箭步走：负重 30～50 千克的杠铃进行弓箭步走，每组走 30～50 米，做 6～8 组。

（3）半蹲：从运动员能承受的最大重量的 60%～70% 开始，由轻到重（每次加 5～20 千克），每个重量做 2 组，每组做 2～20 次。

（4）深蹲：分为前、后深蹲，从运动员能承受的最大重量的 60%～70% 开始，由轻到重（每次加 5～20 千克），每个重量做 1～2 组，每组做 1～5 次。

练习时应注意动作结构要尽量与跳远动作结构相近似，各关节的弯曲角度要与跳远动作的发力相结合。

2．弹跳力训练

弹跳力是爆发性用力的一种形式。采用发展速度力量的训练和多种跳跃练习能有效地发展弹跳力。经常采用的手段有单足跳、跨步跳、换腿跳、分腿跳、蛙跳、直腿跳、跳深、跳越栏架、跳上阶梯或体操凳、助跑多级跳、助跑三级跳远、助跑跳高等。例如以下几种练习。

（1）台阶换脚跳：负轻杠铃连续换脚跳，每组做 40～60 次，做 3～5 组。

（2）弓箭步交换跳：负重 30～50 千克的杠铃做原地弓箭步换腿跳，每组做 30～50 次，做 3～5 组。也可以负重量较轻（2～4 千克）的沙腰带练习跳远或做专门的跳跃练习，或者不负重进行练习，如立定跳远和蛙跳。

（3）立定跳远：每组做 5 次，做 4～6 组。

（4）连续蛙跳：每组做 10 次，做 3～5 组。

（5）单腿跳：立定或助跑做 5 级（多级）单腿跳各 5 组（左、右腿交换），或 30 米计时单腿跳。

训练中要控制腿的弯曲角度，掌握好用力的时间和方向，以及身体各部分协调用力的配合；练习组数及次数要适当，以保证获得最佳效果（发展跳远运动员的部分力量练习动作与方法参见表 6-4）。

3．速度训练

速度水平与跳远成绩密切相关，如卡尔·刘易斯跳远成绩达到 8.91 米时，100 米成绩为 9.86 秒。速度水平，特别是快速助跑能力是取得优异成绩的重要因素。发展速度要以提高短距离快跑能力为主，并同跳远助跑技术相结合，注意步长、步频的关系和弹性跑技术。儿童青少年的速度训练更要重视发展速度和掌握跑的技术，训练内容应多样化。

发展速度的手段有各种专门跑的练习，如短距离重复跑、行进间跑和变速跑、蹲踞式起跑、上坡跑、下坡跑、弯道转直道跑、直道转上坡或下坡转平地跑等。

4．柔韧及专项耐力训练

柔韧练习的重点是发展踝关节、膝关节、髋关节及躯干的柔韧性。专项耐力主要通过各种专项练习来发展。

5. 中学生跳远选手体能训练实例

重庆市某高中跳远运动员每周进行两次体能训练，男生最好跳远成绩达到7.35米，其体能训练内容如下。

（1）力量训练：重点发展最大力量和快速力量（爆发力）。力量训练主要采用杠铃负重练习、克服自身体重的练习和核心力量练习。练习内容包括以下几个方面。

①杠铃负重练习。

a. 快速挺举：用重量为20千克的杠铃杆连续快速挺举4～6组，每组做30次。要求动作要快，肘关节可不伸直。

b. 箭步翻：从40千克（最大重量的60%）开始，由轻到重，每次加10千克，每个重量做1～5次，做2～3组，做到翻不起来为止。

c. 提拉杠铃：双手握杠，将重量为40～60千克的杠铃从地上提拉到与肩或头部同高时将杠铃放下，做4～6组，每组做20～30次。

d. 箭步抓举：双手宽握杠铃，从30千克（最大重量的60%）开始，由轻到重，每次加10千克，每个重量做1～2次，做1～2组。

e. 卧推：从最大重量的60%开始，由轻至重（每次加10千克），每个重量做2组，每组做1～5次。

f. 后（前）深蹲：两脚开立并平行，与肩同宽，上体正直，从80千克（最大重量的60%～70%）开始，由轻到重（每次加5～10千克），每个重量做1～2组，每组做1～5次。

g. 半蹲：大小腿夹角为90度或135度，上体正直，从100千克（最大重量的60%～70%）开始，由轻到重（每次加5～10千克），每个重量做2组，每组做2～10次。

h. 半蹲跳：同半蹲。下蹲要慢，起跳要快。做4～6组，每组做10次。

i. 弓箭步走：负重30～50千克的杠铃走30～50米，做6～8组。要求上体正直，大腿高抬送髋。

j. 高抬腿跑：负重30～50千克的杠铃高抬腿跑30～50米，然后接徒手加速跑30米，做5～8组。要求始终保持高重心，支撑腿的髋、膝、踝三个关节伸直。

k. 台阶换脚跳：负重轻杠铃连续换脚跳 3～5 组，每组做 40～60 次。要求脚着地时间要短，换腿时髋、膝、踝三个关节伸直。

l. 弓箭步交换跳：负重 30～50 千克的杠铃做原地弓箭步换腿跳，做 3～5 组，每组做 30～50 次。要求上体正直，双手握杠。

②克服自身体重的水平和垂直跳跃练习（重点发展弹跳力）。

a. 立定跳远和多级蛙跳：立定跳远 4～6 组，每组做 5 次，要求快速蹬地摆臂；连续蛙跳 3～5 组，每组做 10 次，要求上、下肢协调配合。

b. 单腿跳：立定或助跑 5 级（多级）单腿跳各 5 组（左、右腿交换）；30 米计时单腿跳。要求保持身体平衡，脚着地后要"干净"，丈量成绩。

c. 跨步跳：立定或助跑 5 级（或多级）跨步跳各 5 组，丈量成绩；100～200 米跨步跳，数步数。

d. 直膝跳：在沙坑里连续直膝纵跳 4～6 组，每组做 100～150 次。要求膝关节伸直。

e. 跳深：跳上高物，在同侧（或异侧）跳下，连续跳，用时间计算一组的量，持续 30～60 秒（30 秒约 25 次）。要求用脚前掌跳，不要用脚全掌或脚跟着地；跳时不要停顿，落地后立即起跳。

f. 拉橡皮条：

原地拉橡皮条快摆腿：双手前扶栏架，橡皮条一端固定，另一端系在一只脚踝上，单腿快摆 40～60 次，做 4～7 组。

俯卧小腿钩橡皮条：俯卧在垫子上，两根橡皮条一端固定，另一端分别系在两只脚踝上，快速收小腿 30～50 次，做 5～7 组。

人拉橡皮条高抬腿 30 米，做 4 次。要求上体前倾，用力摆臂，高抬大腿。下拉橡皮条，后蹬跑 30 米，跑 4 次。

g. 仰卧（或俯卧）两头起：做 3～5 组，每组 30～50 次。

③核心力量练习。

a. 负重或不负重仰卧起坐练习：做 3～4 组，每组做 40～60 次，要求收腹快，双肘触膝关节。

b. 负重或不负重仰卧（或俯卧）两头起：做 3～4 组，每组做 30～50 次。

c. 负重体转：负轻杠铃转体，做 2～4 组，每组做 30～40 次。

d. 平衡球练习：仰卧平衡球做各种摆腿、转体动作，做 2～4 组，每组做 15～20 次。

e. 弓箭步举后腿：负重与不负重连续直腿后举 4～6 组，每组做 20～30 次。

f. 立卧撑：俯卧快收腹屈小腿接向上跳跃 1 次，连续做 3～4 组，每组做 30～50 次。可采用负重或不负重练习。

g. 仰卧单腿支撑挺髋：做 3～4 组，每组做 40～60 次。

h. 直立拉橡皮条后摆：做 3～5 组，每组做 20～30 次。要求单腿直膝。

i. 麻雀跳：单脚蹬地，跳起后身体展开并放松，落地屈膝团身，连续跳 3～4 组，每组做 15～30 次。

j. 单腿拉橡皮条鞭打：双手扶低单杠，橡皮条一端固定在单杠上，另一端系在脚弓处，单腿做高抬下压橡皮条的鞭打动作，做 4～8 组，每组做 40～60 次。

k. 前、后抛实心球：前、后抛实心球各 4～5 组，每组做 15～20 次。要求快速蹬腿、收腹、挥臂、爆发式用力，防止伸懒腰。

④训练方法（主要采用循环训练法）。

a. （仰卧两头起 30 次，俯卧两头起 40 次，直腿绕栏 20 次，平衡球转体 20 次，前后抛实心球各 10 次）×（2～4）组。

b. （持哑铃摆臂 30～50 次，俯卧垫上后摆小腿拉橡皮条 30～50 次，负沙绑腿做跳远蹬摆练习各 15 次）×（4～6）组。

⑤训练计划。

每周力量训练两次（星期三、星期日），不负重的力量训练一般安排在速度训练和速度耐力训练之后。具体内容如下。

a. 星期三的力量训练计划。

快速提拉杠铃：采用 20～40 千克重的杠铃，练习 4～6 组，每组做 30 次。

高翻：采用 50 千克重的杠铃×（5～6）次，60 千克×（3～4）次，70 千克×（1～2）次，80 千克×（1～2）次，90 千克×1 次，做 1～2 组；

后深蹲：采用 80 千克重的杠铃×8 次，90 千克 5～6 次，10 千克×（2～3）次。

b. 星期日的力量训练计划。

卧推：采用 40 千克重的杠铃×（3～5）次×3 组，50 千克×（5～8）次×3

组，60 千克×5 次×3 组，40 千克×（5～8）次×2 组。

抓举：采用 30～50 千克重的杠铃×（5～8）次×（3～5）组。

负重 20～50 千克的杠铃弓箭步走，练习 6～8 组，每组做 30～50 米。30 米单足跳（徒手）各 5 组。

⑥力量训练的特点及要求。

a. 最大力量训练的顺序是从轻到重，再到轻，随着重量的增加次数要减少，做到举不起来为止。练习时应注意上、下肢及核心区力量训练的搭配。

b. 力量训练时间较长，重复次数较多，组间间歇 3～4 分钟。为了防止受伤，应加强保护与帮助。

c. 每一次力量练习的速度要快，每组练习完成后应要求学生做加速跑和徒手跳跃练习（放松），在每一次力量课的结束部分应安排徒手跳跃练习（如跳台阶或跳栏架等）。这样既可以使负荷正好达到极限，又不影响肌肉的弹性。

（2）速度训练。

①主要训练内容、方法、组数、次数。

a. 蹲踞式起跑（15～30）米×（3～4）次×2 组。要求自动与发令相结合。

b. 自动 30 米×（4～6）次，行进间 30 米×（2～4）次。

c. 自动 60 米×4 次，行进间 60 米×2 次。

d. 自动与发令 100 米×（2～4）次。

e. 自动与发令 150 米×（4～6）次。

②间歇时间、训练频率、负荷量及动作风险。

a. 每周速度训练 2～3 次，跳跃类练习每周 1～2 次。

b. 短距离的重复跑要考虑练习密度、重复次数和间歇时间。

c. 训练不只是训练肌肉速度，还要训练神经（大脑），在发展速度时应特别注意间歇时间，每次练习后要在充分恢复后，再进行下一次练习。

d. 短跑的速度练习跑间恢复 3～4 分钟，组间恢复 8～10 分钟。

e. 安排速度训练课的运动量要根据运动员的训练年限和短跑的能力因人而异，同时要考虑运动员的疲劳和紧张程度。

③训练计划。例如，学生凌某某（跳远成绩 7.15 米）一次课的速度训练计划为：站立式跑 30 米×6 次，60 米×3 次，100 米×2 次；立定五级单足跳、跨

步跳各 3 组；每周一次 60 米或 100 米短跑测验，每月一次检查跑。

（3）速度耐力及一般耐力训练：跳远运动员每隔一周进行一次速度耐力和一般耐力训练。一般耐力即基础耐力，短跳教练员、运动员容易忽视，认为短跳不需要耐力素质，不练长跑，这是完全错误的。速度耐力的训练采用间歇训练法，包括速度跑和恢复的间歇，间歇不充分地休息，间歇时间短于重复训练时间和速度训练时间。间歇训练分成高、低两种强度，两种不同强度的间歇训练可单独使用，也可混合使用。

（4）柔韧（灵敏和协调）训练：在肋木或台阶上做各种压肩、下腰、压髋、压腿练习，坐在体操垫（或草坪）上做各种压腿和拉伸练习，两人一组对压，以及进行行进间徒手操、摆腿等。

（三）三级跳远运动员的体能训练

三级跳远技术比较复杂，对体能训练水平要求很高。快速助跑和良好的弹跳力，以及强大的腿部力量和很好的协调性，是三级跳远运动员必须具备的条件。

1. 力量训练

三级跳远起跳时利用腓肠肌、比目鱼肌、股四头肌、臀大肌和屈足肌群的力量，使微屈的髋、膝、踝关节伸直，但着地瞬间对支撑要求极高，它既是一个缓冲动作，又是一个起跳的准备动作，相关肌群（主要是股四头肌和小腿三头肌）要完成更艰巨的退让工作，并要立即转入克制工作，因此要求有强大的下肢肌肉力量。发展三级跳远运动员最大力量、速度力量和弹跳力的训练手段主要有抓举、挺举、高翻、弓身、提拉杠铃（宽上拉、窄上拉）、后深蹲、半蹲、蹲跳、负重起踵、壶铃蹲跳、前后抛掷实心球（或铅球）、单脚跳、大强度的连续跨跳、多种方法的跳深练习、负重原地上跳、各种腰背肌力量练习等。力量训练应注意和专项技术练习相结合。

2. 速度训练

助跑速度对三级跳远成绩有很大影响，因此速度训练非常重要。经常采用的手段有 25～40 米的起跑和加速跑、30～100 米的加速跑、50～150 米的变速跑、60～100 米的反复跑，以及其他各种发展速度的专门性练习。

此外，三级跳远对柔韧性、协调性及专项耐力均有较高要求，训练中可结合有关项目练习手段，不断提高上述运动素质的发展水平。

（四）撑竿跳高运动员的体能训练

撑竿跳高对运动员的身体形态、身体机能与跳跃类项目运动员的总体要求基本一致，但有以下特别要求：运动员指距较长，以提高握竿点，增加摆动半径，给竿以更大的压力，有利于越过更高高度；上肢和躯干肌肉发达，一般臀纹线高，臀部上翘，臀厚，骨盆的纵轴短，肌肉用力时发力集中。

1. 力量训练

撑竿跳高助跑和起跳的发力与跳高时的肌肉工作基本相同。向竿拉引身体的悬垂力，即引臂的用力肌群是胸大肌、背阔肌、肱二头肌、喙肱肌和前臂屈肌群。引肩的肌群主要是三角肌、斜方肌和前踞肌。身体成倒立姿势过杆，向上摆腿的肌群主要是腹直肌、腹内斜肌、腹外斜肌、髂腰肌和股四头肌。上推身体的肌群主要是肱三头肌、肘肌和前臂伸肌群。总之，撑竿跳高的水平速度和垂直速度都与腿的爆发力（速度力量、弹跳力）有密切关系，并且需要较好的腹肌、髂腰肌以及腰背肌力量，而上肢的悬垂拉引力和推撑力量更是完成动作的必要条件。

2. 力量和弹跳力训练

撑竿跳高运动员以发展相对力量为主。一般以中等重量的快速练习发展力量、动作速度和协调性等，以大重量结合中等重量发展腿部和腰背力量。具体练习方法如下。

（1）发展臂部力量主要采用负重或不负重的快速引体向上、爬绳、倒立推起、手倒立行走等练习方式。

（2）发展腰腹肌力量主要采用多种负重或不负重的快速收腹举腿、仰卧起坐、弓身等练习方式。

（3）发展腿部和腰背力量主要采用负重半蹲、深蹲、坐蹲、起踵等练习方式。

（4）发展弹跳力主要采用立定跳远、立定三级跳远、多级跳、跨跳、蛙跳、单脚跳、跳深、跳台阶、负重蹲跳、连续跳越障碍、跳起用手触高物、宽上拉、箭步抓、负重起踵、腿蹬出等练习方式。

（5）发展力量并改进技术主要采用在吊绳上做连续后仰举腿、倒爬绳，以及将腿放在高处，手握吊绳做拉引推起等练习方式。

撑竿跳高特别强调快速、有力和准确的起跳，为此还应多做短、中程助跑的起跳练习，提高快速起跳能力。

3. 速度训练

快速持竿助跑是创造优异成绩的必要条件。据统计，1940 年时男子撑竿跳高的助跑速度为 8.8 米/秒，1960 年为 9.5 米/秒，1973 年为 9.62 米/秒，到 1990 年已超过 9.7 米/秒，而成绩则从 1942 年的 4.77 米提高到 1990 年的 6.10 米。另外，成绩提高还与撑竿的改进等因素有关。

（1）发展跑速的练习方法主要是各种短距离（30 米、50 米、60 米、80 米、100 米、150 米）加速跑、行进间跑、小步跑、后蹬跑、高抬腿跑、车轮跑等。

（2）发展持竿助跑速度的方法有 30 米、50 米的持竿起跑和加速跑、50 米负重持竿跑、持竿高抬腿跑、持竿车轮跑等。这些练习可以发展肩带和臂部力量，改进持竿跑技术和发展持竿跑速度。练习时要求技术准确，节奏明显，动作协调。

（3）要把持竿助跑与插竿起跳相结合。由于插竿起跳技术复杂而重要，训练中要经常进行短程、中程和全程助跑持竿插穴起跳、下坡持竿助跑和持竿助跑插穴起跳练习，以提高助跑插竿起跳相结合的能力。

4. 耐力、灵敏和协调性训练

一般耐力可通过各种球类练习或越野跑来发展，专项耐力可通过专项练习手段来提高。此外，各种技巧、体操练习以及大量的摆体和转体摆越障碍的模仿练习和吊绳练习（如助跑起跳抓住吊绳后仰转体、拉引转体练习、手抓吊绳起跳摆体过竿练习）、单杠、吊环、双杠练习等，对发展灵敏、协调性和专项所需的一般素质都有重要意义。

二、投掷类项目

投掷类项目主要是指体能类速度力量性非周期性动作结构的推铅球、掷标枪、掷铁饼、掷链球等项目。

投掷类项目运动素质的基本特征是运动员用旋转或直线的助跑方式给器械预先加速，然后通过最后用力使器械运行到最大的水平空间距离。影响此类项目成绩的主要因素为最大力量、双腿和躯干伸肌肌群的速度力量，以及对投掷器械进行最后加速的专项爆发力和投掷反应速度。此类项目对协调性要求高，在动作节奏、平衡、定向能力、加速和制动的准确运用，以及旋转过程中有目标的投掷都需要高度的协调性。投掷项目的力学原理表明，决定投掷远近的最重要因素是器械的出手速度，只有瞬时爆发最大力量才能获得最快的出手速度。

投掷项目对练习者的最大力量和速度力量（特别是爆发力）有很高的要求，例如，前男子标枪世界纪录创造者卢西斯，抓举成绩 120 千克，高翻 150 千克，深蹲 210 千克；而男子铅球成绩为 22 米的美国选手伍兹卧推成绩为 220 千克，深蹲 300 千克，高翻 170 千克，硬拉 310 千克；前女子铁饼世界纪录创造者麦尔尼克，卧推成绩为 145 千克，深蹲 180 千克。男子铁饼和链球运动员的力量更是大得惊人。投掷项目对运动员肌肉用力的协调性以及动作速度、柔韧性和其他运动素质要求也很高。

投掷项目运动员的身体形态有以下特征：身材表现出大型化的趋势，指间距一般可超过身高 5～10 厘米，这可以使最后用力的工作距离或旋转半径加长，出手点较高；上肢和躯干肌肉发达，躯干呈桶形，这对投掷用力时更好地发挥肩带和躯干的肌肉力量十分有利；肱二头肌和肱三头肌发达，肩带和躯干肌群力量突出，手长也是投掷运动员的重要特征。

投掷项目运动员的身体机能有以下特征：中枢神经系统兴奋过程占优势，神经过程具有高度均衡性。由于投掷项目包括旋转、滑步、助跑、超越投掷器械等动作，动作结构复杂，在完成这些动作的过程中，对感觉器官的功能要求较高，除本体感觉传入冲动有重要作用外，还必须有视觉、前庭分析器的参与。例如，掷标枪需要视觉来感知第一、第二标志线的距离和标枪的飞行；推铅球和投掷铁饼、链球时，要求视觉准确判断投掷圈的范围和身体与圈沿的距离。由于运动持续时间短，能量代谢主要是磷酸原系统供能，具有功率输出快、供能总量少及机体恢复快等特点。

（一）标枪运动员的体能训练

掷标枪的助跑部分属于周期性动作，投掷部分属于非周期性技术动作，因此，标枪属于混合性项目。掷标枪不仅采用助跑技术，而且要求运动员在全速跑动的过程中流畅、协调地完成投掷动作使标枪并达到最大远度，对较长距离的助跑、爆发力和专项力量要求很高。人体与标枪构成一个系统，要求运动员有突出的控制器械和超越器械的能力。

1. 力量训练

根据掷标枪运动的特点，力量训练除应大力发展和提高一般力量水平外，还要重点抓专项力量及专项速度训练。只有在发展一般力量（特别是最大力量、速度力量）的基础上紧密结合专项力量训练，才能使最大力量和速度力量更为有效地转化为专项力量。

（1）一般力量训练主要采用各种抓举、挺举、快速跳举、仰卧臂屈伸、深蹲、半蹲负重蹲跳、负重转体和屈体、颈后推举、山羊挺身、卧推、实力推、各种负重跳跃、手提壶铃蹲伸或做"满弓"、各种哑铃绕环练习、持铃直臂外旋练习以及其他发展力量的专门练习等。发展大肌群力量和全身力量的练习一般采用大（中）强度、多组数、少或中次数、快速度（爆发性用力）的练习方法。

（2）专项力量训练主要采用大量投掷各种重量的器械练习，如投掷 2.5～3 千克的小铅球、1～2 千克的实心球、4～6 千克的铁球或实心球、抛掷铁棒或杠铃片，投掷超重标枪等。练习方法可采用原地投掷、上步投掷或助跑投掷等。

为了使一般力量训练和专项力量训练紧密结合，通常在大力量练习后安排轻器械练习，在中小重量练习后安排重器械练习。同时采用先轻器械后重器械或先重后轻、速度快、强度大的器械练习。研究指出，标枪运动员投掷轻器械效果较好，相关系数达 0.87（7.26 千克为 0.65，5 千克为 0.73，2 千克为 0.83，1 千克为 0.87）。另外，力量训练每周可安排 3～5 次，特别是准备期更应重视力量训练。

2. 专项速度训练

专项速度训练可采用 200 克、400 克、600 克等多种重量的小石块做投掷练习或做投垒球练习。练习方法可以原地对网或墙投掷、上步或短距离助跑投掷。此外，还应适当安排短距离速度训练。

3. 柔韧素质训练

柔韧素质训练对于保证投掷技术的正确协调、加大动作幅度、提高关节灵活性以及充分发展爆发力均具有重要作用。其主要练习方法有背"桥"、向后弯腰、吊环上的连续翻转、肩关节动作、在垫子上向前手翻、蹬伸送髋、用橡皮带拉"满弓"、侧面"满弓"、体侧屈、单杠上悬垂摆体振胸等。

（二）铁饼运动员的体能训练

1. 力量训练

掷铁饼是在高速旋转过程中，使躯干、胸大肌、投掷臂做最大限度的扭转拉紧和超越器械，接着做伸髋、转髋、挺髋、挥臂、手指拨饼等一系列动作将铁饼掷出。掷铁饼由旋转到最后用力出手，时间极短，需要在最短时间爆发出最大力量。决定成绩的因素主要是出手速度，这是由最大力量和爆发力决定的。因此，铁饼运动员必须具备强大的力量。其主要练习手段有负重挺身、弓身、弯举、抓举、挺举、深蹲、半蹲、半蹲跳、弓箭步跳、高翻、仰卧飞鸟、宽握卧推、中小重量的连续快举、负重体侧屈、体回环、负重转体、负重伸屈髋、俯卧拉、手持杠铃片或哑铃做各种绕环，以及结合最后用力的转蹬挥臂练习等。总之，力量训练强度要大（70%～100%），速度要快，尽量高速完成。此外，各种发展专项力量的专门练习，如掷超重铁饼、杠铃片（2.5～4千克）、铅球（4～5千克），以及利用拉力器、橡皮条和滑车装置器械等的专门练习和模仿性练习，对发展一般力量和专项力量也非常重要。

为了发展爆发力，还可采用一些不负重的跳跃练习，如立定跳远、多级跳、蛙跳、跨跳、急行跳远、纵跳等。

2. 速度训练

铁饼运动员的速度训练主要以发展动作速度为主，各种短距离跑为辅。特别是短距离的快频率跑、反应跑、加速跑以及站立式和蹲踞式起跑等也很重要。

3. 柔韧训练

发展柔韧性的主要手段有各种肩绕环、压肩、转肩、摆腿、压腿、踢腿、腰绕环、体侧屈、转髋走等。

（三）铅球运动员的体能训练

1. 力量训练

推铅球是在高速蹬地滑步中制动，身体左侧肌肉充分拉长（以右臂为投掷臂），右侧肌肉收缩，使身体像一个压紧的弹簧，紧接着完成挺髋、伸膝、伸肘、拨球等一系列动作，将铅球推出。参与用力的肌肉主要有股四头肌、小腿三头肌、股二头肌、背阔肌、骶棘肌、胸大肌、三角肌、肱三头肌、肘肌、手和手指伸肌、手指屈肌等。

优秀铅球运动员从滑步到球离手所用时间约为 0.6 秒，滑步（至左脚落地）约占 0.3 秒，最后用力约占 0.3 秒。由此可见，铅球运动员需在最短时间内爆发出最大的力量，因而要求有强大的力量和爆发力。据统计，男子铅球成绩为 21 米的运动员其卧推成绩均在 200 千克以上，深蹲在 250 千克以上，硬拉达 300 千克，平推在 100 千克以上。

曾经培养出多名铅球世界冠军的阚福林教练指出："铅球是速度力量项目。初速度越快，掷得越远。过去把铅球单纯作为力量项目进行训练，结果吃亏不少。"阚福林等教练还提出"整体作用大于部分之和"的观点，在训练方法与手段运用上提出"优化训练手段，优化训练组合，优化训练安排"的理念。根据我国运动员特点，在体能训练中加大了快速力量训练手段的比重，以弥补与欧美运动员相比身材相对矮小、绝对力量水平相对较低的不足，取得了可喜的成果，在女子铅球项目上整体水平接近世界前列。

铅球运动员的力量训练应重点发展全身爆发力，以及上肢（包括手腕、手指肌力）、肩带、躯干和下肢力量，并重点采用结合专项需要的多种推、抓、挺、蹲、拉、卷腕练习，以及旋腕、指撑俯卧撑、俯卧撑击掌、抓下落铅球、抓平放杠铃片（内缘）等练习（发展铅球运动员一般力量的练习动作可参见标枪、铁饼运动员力量训练部分）。发展综合肌群、大肌群力量可采用重量大（80%～100%）、组数多（8～10 组）、速度快、次数少（1～5 次）的练习。发展局部肌肉则可采用重量小、组数中、次数较多的训练方法。

铅球运动员的力量训练应全年安排，准备期一般每周 3～5 次，比赛期 2～3 次。训练中应多做挺举、平推、借力推、负重蹲跳等爆发力练习，卧推、硬拉、深蹲也要适当安排，练习后可做快跑、轻跳练习。

发展铅球运动员绝对力量和全身爆发力的周力量训练计划（每周练习 4 次，采用双日循环）示例如下。

（1）第一次（或第三次）训练内容包括以下几个方面。

①高翻：80 千克×5 次，120 千克×（3～5）次（强调速度），做 8 组。

②卧推：80 千克×5 次，150 千克×（2～3）次，做 8 组。

③深蹲：120 千克×5 次，190 千克×（3～5）次，做 9 组。

④腕屈伸：60 千克×12 次，80 千克×12 次，做 3 组。

⑤单臂推大哑铃：40千克×10次（左臂），45千克×8次（右臂），做3组。

⑥负重体侧屈：做3组。

⑦负重转体（模仿铅球蹬转动作）：60千克×（2～3）次。

⑧轻快加速跑：40米×3次。

⑨上一步摸高：10次×3组。

（2）第二次（或第四次）训练内容包括以下几个方面。

①高翻：80千克5次，140千克/3次，做8组。

②半蹲：180千克5次，300千克/5×3次，做8组，

③卧推：100千克5次，140千克/3次，做7组。

④弓身：80千克15次，120千克/8次，做4组。

⑤弯举：60千克12次，80千克/8次，做3组。

⑥仰卧臂屈伸：50千克10次，60千克/10次，做3组。

⑦轻快加速跑：40米×3次。

2．动作速度训练

动作速度的发展主要采用专门技术练习和变换重量的掷铅球（特别是轻铅球）练习来实现。专门技术练习的重点是提高滑步和最后用力的结合及其动作速度。练习手段有以下几种：徒手连续滑步，每次滑步后结合右脚蹬地动作；持轻、重铅球连续滑步并结合右脚蹬地动作；成原地投掷姿势，左脚稍向上抬起，待身体平稳后，左脚着地，右脚积极蹬地；背对投掷方向，两脚前后开立（80～90厘米），上体稍前俯，快速拉收右腿，右脚着地立即用力蹬地。

变换铅球重量发展动作速度时，总的要求是应在不降低速度的情况下增加重量，或者是在不减少重量的情况下提高速度。总之，应把提高最后用力速度放在首位。特别是在准备时期，应大量采用推轻、重和标准重量铅球的练习，并采用徒手、持器械和负重的模仿练习，以发展最后用力的动作速度和爆发力。总之，最后用力的速度训练应重点抓发力、用力的顺序及力量的结合，应使其在整个训练过程中占一定比重。

3．其他素质练习

铅球运动员的一般速度训练可采用多种短距离的加速跑、冲刺跑等短跑练习，以及侧向和向后快速移动身体的练习。另外，应采用多种手段发展肌肉用力

的协调性。上肢、躯干、下肢，特别是肩关节、髋关节柔韧性训练对提高大幅度的动作速度和全身爆发力有积极作用。此外，还应适当采用各种跳跃练习发展弹跳力和爆发性用力能力。

4. 中学生铅球运动员体能训练实例

我国西南地区某中学铅球运动员每周进行 3 次体能训练，其中有一位高中男生铅球（7.26 千克）成绩达到 13.60 米，一位高中女生铅球成绩达到 13.50 米（4 千克）。具体训练内容包括以下几个方面。

（1）力量训练。

①负重力量训练，重点发展最大力量和爆发力。

a. 卧推：卧推时除上肢用力外，背部和腿也要发力。重量从 60 千克（最大重量的 60%～70%）开始，每次加 5～10 千克，直到最大重量。每个重量练习两组，每组做 5～8 次。

b. 高翻：重量从 60 千克（最大重量的 70%）开始，每次加 5～10 千克，每个重量练习 4～6 组，每组做 2～5 次。

c. 抓举：重量从 40 千克（最大重量的 60%～70%）开始，每次加 5～10 千克，每个重量练习 4～6 组，每组做 1～5 次。

d. 挺举：分斜上挺和颈后挺。重量从 40 千克（最大重量的 60%～70%）开始，每次加 5～10 千克，每个重量做 3～5 组，每组做 4～10 次。要求动作快，肘关节可不伸直。

e. 深蹲：分前、后深蹲，提杆铃至胸前做深蹲起叫前深蹲。重量从 60 千克（最大重量的 60%～70%）开始，每次加 5～10 千克，每个重量做 4～6 组，每组做 4～8 次。

f. 半蹲跳：80 千克（最大重量的 70%～85%）×8 次/组×4 组。

g. 弓箭步走和弓箭步换腿跳：负重为 30～50 千克的杠铃走（30～50）米/组×（6～8）组。要求上体正直，大腿高抬送髋。

h. 台阶换腿跳：台阶高度为 35～45 厘米，轻杠铃负重连续换脚跳（40～60）次/组×（3～5）组。要求脚着地时间要短，换腿时髋、膝、踝三个关节伸直。

i. 沙袋跳：穿沙背心或沙绑腿进行各种跳跃练习。

j. 前、后抛铅球（含实心球）：用重量为 4～6 千克的实心球进行前、后抛练习，练习 3～4 组，每组抛 15～20 次。

k. 负重仰卧起坐：（30～50）次/组×（3～4）组。

②克服自身体重的练习，重点发展爆发力。

a. 立定跳远和蛙跳：立定跳远 5 次/组×（4～6）组，要求快速蹬地摆臂，连续蛙跳 10 次×（3～5）组。要求上、下肢协调配合。

b. 单腿跳：立定或助跑 5 级（多级）单腿跳各 5 组（左、右腿交换），30 米计时单腿跳。要求身体保持平衡，脚着地后要"干净"，丈量成绩。

c. 跨步跳：立定或助跑 5 级（或多级）跨步跳各 5 组，丈量成绩；100～200 米跨步跳，数步数。

d. 跳深：跳上高物，在同侧（或异侧）跳下，连续跳，用时间计算一组的量，持续 30～60 秒（30 秒约 25 次），要求用前脚掌跳，不要用全脚掌或脚跟着地。要求跳时不要停顿，落地后立即跳起。

e. 跳绳：1 分钟/组×（3～4）组。

f. 引体向上：高单杠（15～30）次/组×（4～5）组。

③每周进行 3 次力量训练（星期一、三、五下午）。力量训练是投掷运动员不可缺少的练习，大强度的力量训练可以提高运动员的爆发力；力量训练可单独安排一堂课，也可安排在专项技术训练后进行；项目不同，力量训练的内容也有不同。例如，标枪运动员上肢力量训练多采用弓箭步抓举练习，而铅球运动员卧推训练较多。为防止受伤，大重量的力量练习最好采用专用皮带保护腰背部。具体训练内容包括以下几个方面。

a. 星期一的训练内容如下。

高翻：60 千克×5 次/组×3 组，70 千克×4 次/组×3 组，80 千克×3 次/组×2 组，90 千克×2 次/组×2 组。

深蹲：10 千克×5 次/组×3 组，110 千克×3 次/组×3 组，120 千克×2 次/组×2 组，130 千克×2 次/组×1 组。

半蹲：140 千克×6 次/组×3 组，150 千克×4 次/组×3 组，160 千克×3 次/组×2 组，180 千克×2 次/组×1 组。

轻铅球前、后抛：各 10 次。

多级跳：5组。

b. 星期三的训练内容如下。

深蹲：110千克×5次/组×3组，120千克×3次/组×3组，130千克×2次/组×2组，140千克×2次/组×1组。

半蹲：150千克×6次/组×3组，160千克×4次/组×3组，170千克×3次/组×2组，190千克×2次/组×1组。

卧推：60千克×5次/组×3组，70千克×4次/组×3组，80千克×3次/组×2组，90千克×2次/组×2组，100千克×2次/组×1组。

轻铅球掷20次。

跳绳1分钟×2。

有氧跑15分钟。

（2）速度训练：速度与节奏对铅球运动员非常重要，力量训练实际上也是速度训练，爆发力首先要求速度。铅球运动员跑的形式是逐渐加速，以频率为主，而不是加大步幅。可选用以下项目进行练习。

①蹲踞式跑：20米×（4～6）次。主要培养运动员高度的神经反应速度、动作速度。

②站立式跑：30米×（4～6）次。

③站立式跑：60米×（3～4）次。要求计时。

④站立式跑：100米×2次。要求不计时，小步幅、快频率，逐渐加速。

（3）耐力、柔韧、灵敏训练。铅球运动员的专项耐力、柔韧、灵敏训练也非常重要，可采用相关练习来发展。

（四）链球运动员的体能训练

链球项目要求运动员必须有强大的力量和很快的出手速度，以及对抗离心和维持身体平衡的能力。因此，链球运动员的体能训练以发展最大力量、速度力量、协调和灵敏素质（主要是控制身体平衡的能力和旋转能力）为主。

最大力量和速度力量的训练主要采用负重练习，如各种抓举、提铃上拉、高翻、推举、挺举、深蹲等，重点发展全身大肌肉群的力量和爆发力。另外，还可适当安排一些专项力量训练，如快推杠铃，用各种姿势投掷壶铃、链球、实心球，用较轻的链球进行旋转练习，轻、重和标准重量链球的变换练习，以及投掷各种器械等。

链球运动员的力量训练应根据不同的对象和时期进行安排。准备期重点发展力量，并可适当安排专项力量训练和技术练习；比赛期第一阶段每周力量训练2~3次（以每周8次为例），重点发展专项力量和专项技术，以使力量与技术紧密结合；比赛期第二阶段以技术训练为主，减少一般性力量训练，重点发展专项速度；休整期应保持体能训练水平，每周安排一些有利于发展力量的练习。

三、举重等项目

举重是按体重分级别比赛的非周期性单一动作结构的快速力量项目，对身体形态、身体机能和运动素质都有很高要求。

（一）举重运动员的身体形态

1. 举重运动员身体形态指标

举重运动员的体形特征是小级别身材较矮小，大级别身材相对高大，总体特征是体格健壮、体形匀称、骨骼粗大、胸膛厚实、皮下脂肪少、肌肉线条明显、四肢发达有力、肩宽、手指长、臀部肌肉紧缩上收等。

2. 举重运动员身体形态训练的要求

（1）身体形态与举重成绩有密切联系。选才时应从遗传等因素出发，把具有优越身体形态条件的儿童少年挑选出来。身体形态在一定程度上反映了相应的生长发育水平、身体机能水平和竞技水平，影响运动素质的发展。因此，应采用系统科学的方法对运动员的身体形态进行训练，以创造优异的专项成绩。

（2）身体形态训练应注意遗传因素的影响。要根据项目特点和儿童少年生长发育的形态特征安排身体形态训练，并采用多种方法和手段改善身体形态。

（二）举重运动员的运动素质训练

1. 一般运动素质训练

（1）弹跳力和爆发力练习：纵跳、立定跳远、多级跳、跳台阶、跳深等。

（2）速度练习：30米、50米、100米等短距离冲刺跑，或其他以短跑为主要内容的练习。

（3）灵敏和协调性练习：技巧运动的翻腾练习，篮球、足球练习和其他专门练习等。

（4）耐力练习：球类活动或比赛、连续跳绳、中距离越野跑。

（5）柔韧性练习：举重运动对肩、肘、腕、膝、踝等关节部位的柔韧性要求较高，因此应加强这些部位的柔韧练习。主要练习方法有压肩、转肩、吊肩、压肘、压腕、压踝、压腿、体前屈、体后屈、劈叉、倒立等。

2. 专项运动素质训练

举重运动员的专项素质训练包括专项力量、专项速度、专项耐力和协调性训练等。专项力量又包括最大力量、速度力量（爆发力）、力量耐力。其中最大力量是举重运动员竞技能力的重要决定因素。

（1）专项力量主要以发展抓举、挺举所需的上肢支撑力量、腰背力量和腿部力量为主。

①发展抓举力量的辅助动作主要有高抓、直腿抓、高翻、宽拉、宽硬拉、弓身、颈后宽握推、卧拉、直立提肘拉、颈后宽握、引体向上、负重挺身、抓举支撑蹲等。

②发展下蹲翻力量的辅助动作主要有直腿高翻、分腿高翻、箭步翻、半高翻、膝上高翻、膝上下蹲翻、窄拉、硬窄拉、前蹲、后蹲、坐蹲、耸肩、提肘拉、下蹲翻接前蹲等。

③发展上挺力量的辅助动作主要有架上挺、颈后挺、借力推、半挺、预蹲、预蹲发力、预蹲静力、实力推、坐推等。

（2）专项速度主要通过75%～90%强度的抓举、挺举技术练习和半技术动作来发展专项速度，重点应加强发力阶段的速度训练，使杠铃加速上升。

（3）专项耐力主要通过专项力量训练和专项技术训练来发展。其发展应建立在良好的一般运动素质基础和一般耐力基础之上。

（4）协调性包括一般协调性和专项协调性。一般协调性通过一般身体训练和运动素质的发展来提高；专项协调性主要表现在举重时杠铃上升的节奏性和准确性上，它的提高有赖于灵敏素质的发展和对技术动作的准确掌握，并通过专项技术训练来发展。

第三节　体能主导类速度性项目儿童青少年体能训练

体能主导类速度性项目主要包括短距离跑、短距离游泳、短程速度滑冰、短程自行车和短程划船等。它们的主要特点是以速度为主，力量为辅，要求运动员在很短的时间（或瞬间）内最大限度地发挥出速度能力。这就要求运动员既具有很快的速度水平，又具有突出的最大力量和速度力量，并且要把力量和速度有机地结合起来。

体能主导类速度性项目包含众多专项，运动员的身体形态也表现出一定的差异。例如，短距离跑项目要求运动员：身体匀称结实；肌肉富有弹性，成束形；皮下脂肪少，瘦身材相对较多；小腿稍长于大腿，踝围较小，跟腱较长，肌肉收缩的作用力集中，有利于踝关节蹬伸；臀部上翘，肌肉用力时发力集中；脚趾齐且较短，这样的选手跑步时做功少，向前性好。而游泳运动员则要求身材高大、四肢修长，手大、足大、肩宽臀窄，有一定体脂含量是优秀游泳运动员的形态特征，这种趋于流线型的体形能够减少游泳过程中人体受到的阻力，加大做功距离，有利于提高游泳速度。

在身体机能上，体能主导类速度性项目统一表现为神经过程的灵活性较高，神经冲动的传导速度快、强度大，心血管系统的功能较强，抗缺氧能力强，机体无氧代谢水平高。例如，田径短距离项目耗时一般在 6～60 秒，以无氧代谢供能为主，包括磷酸原系统和糖酵解系统供能。若项目不同则两者所占比例不同。60米、100 米和直道跨栏项目，磷酸原系统供能占主要部分；200 米栏和 400 米栏则以无氧糖酵解系统供能为主，要求运动员的无氧耐力较高，有较强的心血管系统和呼吸系统功能。

一、短距离跑项目

短距离跑项目主要包括 60 米、100 米、100 米栏、110 米栏、200 米、400米、400 米栏等。这类项目要求练习者必须具备突出的速度力量、反应速度、移动速度以及较高的专项耐力和柔韧性。

短距离跑项目运动员身体形态的共同特征是体形匀称、身体健壮、肌肉发达、膝踝关节围度较小、髋关节宽度适中、臀部肌肉向上紧缩、足弓明显和跟腱细长且清晰。

短跑运动员的体能训练内容如下。

（一）力量训练

短距离跑项目属于周期性运动，力量训练的重点是发展速度力量（特别是快速的起动力、反应力和爆发力），并且必须与专项技术紧密结合，使力量练习的神经系统和肌肉用力性质与专项技术相似。

从短跑的技术角度来看，运动员最需要发展臀大肌、大收肌、股四头肌、股二头肌以及小腿三头肌，并且还需要一定的腹肌力量和上肢屈肌力量。短跑需要突出的速度力量，因此在儿童青少年时期应注重这些部位的快速力量训练。

7～13 岁是快速力量发展的敏感期，在这一时期，应特别注意快速力量的发展。同时，根据儿童青少年的生理特征，骨骼中的水分和有机物较多，无机盐少，骨骼弹性好，但坚固性较差，易弯曲，心血管系统发展较差，因此，应以小负荷的动力性练习或不负重的对抗自身阻力的练习为主。随着年龄的增长，可逐渐增加负重练习的比例和强度，待身体发育到一定程度后（一般为 14～16 岁），再采用重量中等（70% 左右）、组数较多（6～8 组）、次数中等（5～8 次或 8～20 次）的练习发展速度力量，如肩负杠铃下蹲、半蹲跳、箭步蹲跳、负重换腿跳、抓举（高抓）、挺举（高翻挺）、快挺、拉抓等。练习时可成组进行，或与跑交替进行，或与放松练习和柔韧性练习交替进行。

发展爆发力的训练手段还有各种跳跃练习，如立定跳远、立定三级跳、三级跳、跳台阶、双足或单足多级跳等。这些练习用力强度大，动作结构与起跑相似，有助于发展起跑所需的爆发力。在做这些练习时，应特别强调蹬地角度。其他如 50～100 米跨步跳、30～50 米单脚跳等练习，既有助于发展短跑运动员的爆发性力量素质，也有助于改进跑的技术。

在进行爆发性力量训练时，还要重视腰腹肌和背肌的力量训练，特别是女运动员更应重视腰腹肌和背肌的力量训练。在力量训练中，要强调每一个动作都应尽量用力到脚趾关节，这样可以发展短跑运动员所必需的踝关节和脚趾关节的力量。

（二）速度训练

速度是对短跑成绩起主导作用的专项素质。速度训练的目的是使中枢神经系统建立快速条件反射，发展快速能力。速度水平不仅取决于中枢神经系统的灵活性、肌肉力量、动作速率等因素，而且取决于运动员掌握正确的技术。因此，速度训练并不是采取某一两个手段就能取得良好的效果，而是首先要有全面体能训练的基础，并掌握跑的正确技术。

训练实践证明，步频与步长是影响和制约速度水平的两个主要因素。因此，提高速度要围绕发展步频和步长，以及使两者之间形成适宜的比例关系来进行。首先，要把发展步频与发展步长的练习有机地结合起来，使步频与步长同时增长。然后，要根据不同对象的特点进行安排，对步频快而步长小者，应在保持步频快的前提下着重发展步长；对步长大而步频慢者，则要在保持步长大的前提下着重发展步频，使步频与步长之间既相互适应又具有个人特点。这是现代训练中正确处理步频与步长关系和有效提高跑速的重要途径。

（1）发展频率为主的练习：动作频率受先天遗传因素影响很大，但后天的训练仍可使其获得一定发展。主要练习手段有快速小步跑与原地快速踏脚练习，后踢小腿跑，支撑高抬腿跑，行进间高抬腿跑时突然做几次最快速度的抬腿练习，由行进间小步跑、高抬腿跑过渡到加速跑，利用下坡跑的惯性和顺风跑来加快步频，双手扶肋木和小腿拉橡皮条做快速"扒地"动作练习、快速下台阶跑、缩短步长加快步频的"短格"跑，随教练员击掌（或击拍器）的变化做快慢交替的抬腿和摆臂练习，通过提高动作协调性与节奏感来发展频率等。

（2）发展以步长为主的练习：步长主要取决于身高、腿部力量大小、髋关节灵活性以及跑的技术是否合理等因素。除身高有较大的先天遗传性外，其他因素可通过后天的训练来改变和发展，因此步长的可塑性较大。发展步长的常用手段有发展腿部力量的负重练习和各种跳跃练习（如负重弓箭步换腿跳、跨步跳台阶、单双腿跳上跳下等），支撑后蹬跑，由行进间后蹬跑过渡到加速跑，车轮跑，放松大步跑，俯撑弓箭步换腿，有弹性的前后左右压腿和摆腿练习，上坡跑或逆风跑，动力性柔韧性练习（如单腿起摆的立定三级跳、多级跳与 100 米跨跳及"膝触肩"）等。

此外，30～50 米行进间跑、30 米蹲踞式起跑、追逐跑、短距离接力跑及其他专门性练习，也是发展快速能力的有效手段。

（三）速度耐力训练

速度耐力是把最快速度保持到终点的能力。它对取得优异的短跑成绩有重要意义。加强速度耐力训练可以提高机体的适应能力，充分发挥全程跑速度，改善运动员的后程跑技术。在速度耐力训练中，由于运动员承受的运动量很大、强度高，而且是重复练习，所以能够更加适应竞赛活动的要求。速度耐力训练的主要手段有以下几种：100～300 米反复跑（400 米运动员跑的段落可长一些），重复次数和休息间隔可根据运动员的具体情况确定；越野跑和变速跑；主项距离检查跑，可使负荷量相当于比赛强度。

速度耐力训练应注意以下两点：第一，训练安排应以超主项距离跑为主，其次是主项距离，但也应考虑训练水平。一般来说，速度较低的运动员，速度耐力训练比重应少一些；在速度水平相应提高后，才能更好地发展速度耐力。第二，速度耐力在全年训练中都应安排。在准备期，长段落跑（150 米、250 米、300 米）可多一些，占 60％～70％；在比赛期，长段落跑可少一些，占 30％～40％。训练强度和间歇时间应根据运动员的训练水平具体而定。

根据短距离跑的特点，发展速度耐力可采用发展力量的手段，即以发展力量性速度耐力为主的手段进行练习。此外，专项速度耐力练习、球类、一定距离的跑步练习，也能促进速度耐力（或专项耐力）水平的提高。

需要注意的是，耐力素质相对而言发展较晚，同时由于儿童青少年心血管系统发展不成熟，所以速度耐力训练所占比例不宜过多。

（四）柔韧训练

良好的柔韧性有助于运动员掌握正确的短跑技术，使跑的步幅增大，动作协调、轻快。少年运动员关节、肌肉、韧带的活动范围大、弹性好，所以应及早抓好柔韧训练。发展柔韧性的练习手段主要有压腿、摆腿、踢腿、弓腰搭"桥"、屈体手触地、弓步肩后仰、转髋走、用橡皮条抬腿送髋以及跨栏的各种专门练习。练习时动作幅度应逐渐加大，以免拉伤肌肉或韧带。

（五）灵敏训练

运动员灵敏素质的提高有助于速度素质的提高，对提高短距离跑项目整体竞技能力具有一定的作用。要提高短距离跑项目运动员的灵敏素质，必须提高其大脑皮质神经过程的灵活性，而儿童青少年的神经系统发展较快，因此，应从小开始灵敏训练，采用的训练方法主要有让运动员在跑动或游戏过程中迅速、准确、协调地做出各种动作，如折返跑等；有专门的灵敏素质练习方法，如立卧撑等；还有各种改变方向的追逐跑。

在发展短距离跑项目运动员灵敏素质的过程中，还应注意以下几点：全面发展身体素质，特别是速度素质、力量素质、柔韧性；熟练掌握专项技术动作；采用多样化的训练方法；训练过程中保持一定的良性刺激；疲劳时不宜进行灵敏训练。

（六）核心力量训练

短距离跑项目运动过程中运动员要始终保持高速运动状态，因此，一定程度的核心力量训练有助于运动员在短冲类项目运动过程中减少能量消耗，提高协调性和速度水平。

核心力量训练方法主要有以下几种。

（1）仰卧（或俯卧）两头起：（30～50）次/组×（3～4）组（负重与不负重）。

（2）负重转体：肩扛轻杠铃转体（30～40）次/组×（2～4）组。

（3）平衡球练习：仰卧平衡球做各种摆腿、转体动作，各（15～20）次/组×（2～4）组。

（4）直腿绕栏：双（或单）手前（或侧）支撑单腿直膝前、后抬大腿绕（过）栏架（20～30）次/组×（4～6）组（沙绑腿负重与不负重）。

（5）弓箭步举后腿：负重与不负重连续直腿后举（20～30）次/组×（4～6）组。

（6）栏间走：栏间隔 1 米左右，支撑腿髋关节应在膝关节、踝关节之前，固定骨盆，以髋发力，走 10 个栏，做 5～8 组。

（7）拉橡皮条后摆：单脚（或双手）直立拉橡皮条后摆（20～30）次/组×（3～5）组。

（8）单腿拉橡皮条鞭打：双手扶低单杠，橡皮条一端固定在单杠上，另一端系在脚弓处，单腿做高抬下压橡皮的鞭打动作，做（40～60）次/组×（4～8）组。

（七）中学生短距离跑体能训练实例

重庆市某高中短跑运动员每周进行两次体能训练。其中有两位男运动员 100 米成绩达到 10.80 秒以内（电子计时，最好成绩为 10.70 秒），两位男运动员 400 米成绩达到 48 秒。以下是这两位运动员体能训练的主要内容。

（1）力量训练：重点发展快速力量（爆发力）。主要采用杠铃负重练习、克服自身体重的练习以及核心力量练习。

①杠铃负重练习内容如下。

a. 深蹲：两脚开立并平行，与肩同宽，上体正直，负重从 80 千克（最大重量的 60%～70%）开始，由轻到重（每次加 5～10 千克），每个重量练习 1～2

组，每组做 1~5 次。

b. 半蹲：大小腿夹角为 90 度或 135 度，上体正直，负重从 100 千克（最大重量的 60%~70%）开始，由轻到重（每次加 5~10 千克），每个重量练习 2 组，每组做 2~10 次。

c. 弓箭步走：负重量为 30~50 千克的杠铃走（30~50）米 ×（6~8）组。要求上体正直，大腿高抬送髋。

d. 半蹲跳：同半蹲，下蹲慢，起跳要快。练习 6 组，每组做 10 次。

e. 负重高抬腿跑：负重量为 30~50 千克的杠铃高抬腿跑 30~50 米接徒手加速跑 30 米，练习 5~8 次。要求始终保持高重心，支撑腿髋、膝、踝三个关节伸直。

f. 台阶换脚跳：轻杠铃负重连续换脚跳 3~5 组，每组做 40~60 次。要求脚着地时间要短，换腿时髋、膝、踝三个关节伸直。

g. 弓箭步交换跳：负重量为 30~50 千克的杠铃原地弓箭步换腿跳，练习 3~5 组，每组做 30~50 次。要求上体正直，双手握杠。

h. 沙袋跳：穿沙背心和沙绑腿做各种跳跃练习。

i. 快挺：负重量为 20 千克的杠铃杆连续快挺 4~6 组，每组做 30 次。要求动作要快，肘关节可不伸直。

j. 箭步翻：重量从 40 千克（最大重量的 60%）开始，由轻到重，每个重量加 10 千克做 1~5 次，做 2~3 组。

k. 提拉杠铃：双手握杠，将重量为 40~60 千克的杠铃从地上提拉到与肩或头部同高时将杠铃放下，练习 4~6 组，每组做 20~30 次。

l. 箭步抓举：双手宽握杠铃，从 30 千克（最大重量的 60%）开始，由轻到重，每个重量加 10 千克，练习 1~2 组，每组做 1~2 次。

②克服自身体重的练习，重点发展弹跳力和爆发力。

a. 立定跳远和多级蛙跳：立定跳远 4~6 组，每组练习 5 次。要求快速蹬地摆臂；连续蛙跳 3~5 组，每组练习 10 次。要求上、下肢协调配合。

b. 单腿跳：立定或助跑五级（多级）单腿跳各 5 组（左、右腿交换），30 米计时单腿跳。要求身体保持平衡，脚着地后要"干净"，丈量成绩。

c. 跨步跳：立定或助跑五级（或多级）跨步跳各 5 组，丈量成绩；

100～200 米跨步跳，数步数。

d. 直膝跳：在沙坑里连续直膝纵跳 4～6 组，每组做 100～150 次。要求膝关节伸直。

e. 跳深：跳上高物，在同侧（或异侧）跳下，连续跳，用时间计算一组的量，持续 30～60 秒（30 秒约 25 次）。要求用脚前掌跳，不要用全脚掌或脚跟着地；跳时不要停顿，落地后立即起跳。

f. 拉橡皮条

原地拉橡皮条快摆腿：双手扶栏架，橡皮条一端固定，另一端系在一条腿的脚踝上，单腿快摆 40～60 次，做 4～7 组。

俯卧小腿钩橡皮条：俯卧在垫上，两根橡皮条一端固定，另一端分别系在两腿的脚踝上，快速收小腿 30～50 次，做 5～7 组。

人拉橡皮条高抬腿 30 米×4 次。要求上体前倾，用力摆臂，高抬大腿。下拉橡皮条后蹬跑 30 米×4 次。

g. 跳栏架：栏架 10 个，栏间距为 2 米左右，连续跳过。刚开始时栏间允许一次踮步小跳，以后逐渐缩短栏间距离（或增加栏高度），取消过渡的一小步，连续跳过栏架，做 10～15 组。要求上体正直（眼看前方），收腹大腿触胸部。

h. 仰卧（或俯卧）两头起：练习 3～5 组，每组做 30～50 次。

③核心力量练习内容。

a. 负重或不负重仰卧起坐：练习 3～4 组，每组做 40～60 次。要求收腹快，双肘触膝关节。

b. 负重或不负重仰卧（或俯卧）两头起：练习 3～4 组，每组做 30～50 次。

c. 负重体转：负轻杠铃转体练习 2～4 组，每组做 30～40 次。

d. 平衡球练习：仰卧在平衡球上做各种摆腿、转体动作，练习 2～4 组，每组做 15～20 次。

e. 弓箭步举后腿：负重与不负重连续直腿后举 4～6 组，每组做 20～30 次。

f. 立卧撑：俯卧快收腹屈小腿接向上跳跃一次，连续练习 3～4 组，每组做 30～50 次。可采用负重或不负重练习。

g. 仰卧单腿支撑挺髋：练习 3～4 组，每组做 40～60 次。

h. 直立拉橡皮条后摆：练习 3～5 组，每组做 20～30 次。要求单腿直膝。

i. 麻雀跳：单脚蹬地，跳起后身体展开并放松，落地后屈膝团身，连续跳练习3～4组，每组做15～30次。

j. 栏间走：栏间隔1米左右，支撑腿的髋关节应在膝踝关节之前，固定骨盆，以髋发力，走10个栏，做5～8组。

k. 单腿拉橡皮条鞭打：双手扶低单杠，橡皮条一端固定在单杠上，另一端系在脚弓处，单腿做高抬下压橡皮条的鞭打动作，练习4～8组，每组做40～60次。

l. 前、后抛实习球：前、后抛实心球各练习4～5组，每组做15～20次。要求快速蹬腿、收腹、挥臂，爆发式用力，防止伸懒腰。

m. 跨栏：连续跨4～6个栏，练习4～8组。

④训练方法（主要采用循环训练法）：仰卧两头起30次，俯卧两头起40次，直腿绕栏20次，平衡球转体20次，前、后抛实心球各10次，练习2～4组；持哑铃摆臂30～50次，俯卧在垫上后摆小腿拉橡皮条30～50次，两脚负沙绑腿做跳远蹬摆各15次，练习4～6组。

⑤训练计划：每周进行两次力量训练（星期三、星期日），不负重的力量训练一般安排在速度和速度耐力训练之后进行。具体训练内容如下。

星期三：

a. 快速提拉杠铃：采用重量为20～40千克的杠铃，练习4～6组，每组做30次。

b. 高翻：采用重量为50千克的杠铃×（5～6）次，60千克×（3～4）次，70千克×（1～2）次，80千克×（1～2）次，90千克×1次，做1～2组。

c. 后深蹲：采用重量为80千克的杠铃×8次，90千克×（5～6）次，100千克×（2～3）次。

星期日：

a. 卧推：采用重量为40千克的杠铃×（3～5）次×3组，50千克×（5～8）次×3组，60千克×5次×3组，40千克×（5～8）次×2组。

b. 抓举：采用重量为（30～50）千克的杠铃×（5～8）次×（3～5）组。

c. 负重量为20～50千克的杠铃弓箭步走，练习6～8组，每组做30～50米。

d. 30米单足跳（徒手）各5组。

⑥力量训练的特点及要求：力量训练的顺序是由轻到重，再到轻，随着重量的增加练习次数要减少；练习时应注意上、下肢及核心区力量训练的搭配；练习时间较长，重复次数较多，组间间歇 3～4 分钟；力量练习的速度要快，每组练习完成后都要做加速跑和徒手跳跃练习；力量训练结束部分应安排徒手跳跃练习（如跳台阶或跳栏架等）。

（2）速度训练相关介绍如下。

①训练内容、方法、组数、次数：

a. 蹲踞式起跑（15～30）米×（3～4）次×2 组。要求自动与发令相结合。

b. 自动 30 米×（4～6）次，行进间 30 米×（2～4）次。

c. 自动 60 米×4 次，行进间 60 米×2 次。

d. 自动与发令 100 米×（2～4）次。

e. 自动与发令 150 米×（4～6）次。

②间歇时间、训练频率、负荷量及动作风险：

a. 每周进行速度训练 2～3 次，跳跃类练习 1～2 次。

b. 短距离的重复跑要考虑练习密度、重复次数和间歇时间。

c. 训练不只是训练肌肉速度，还要训练神经（大脑），在发展速度时应特别注意间歇时间，每次练习后要在充分恢复后，再进行下一次练习。

d. 短跑跑间恢复 3～4 分钟，组间恢复 8～10 分钟。

e. 安排速度训练课的运动量要根据运动员的训练年限和短跑的能力不同而异，同时要考虑运动员的疲劳和紧张程度。

③训练计划：如学生卢某（100 米成绩 10.77 秒），一次速度训练课总量为 0.6～0.8 千米，用 30 米×6 次、60 米×4 次、100 米×（2～4）次，每次休息 3～4 分钟（以学生慢走回为准），30 米后组间休息 8～10 分钟，60 米后组间休息 12～15 分钟，强度为 90%，一次速度训练课的总时间为 1.5～2 小时。

（3）速度耐力：速度耐力是维持高速短跑的能力，短跑运动员的速度耐力训练一般每周安排 1～2 次。主要采用间歇训练法（包括高强度、低强度间歇训练法）。两种不同强度的间歇训练可单独使用，也可混合使用。

①100 米、200 米运动员：一般采用 100～300 米跑，做 4～10 组，以慢走 100 或 200 米为间歇。

②400 米运动员：150～600 米的重复跑做 4～10 组，以相同距离慢走为间歇。

（4）速度耐力训练示例如下。

①学生胡某（100 米成绩 10.70 秒）赛季初期的训练是发展速度耐力的低强度训练：200 米×5 次/组×2 组，每次间歇 4～5 分钟，组间间歇 10～15 分钟，强度约 70%。

②学生冉某（400 米成绩 48.00 秒）赛季初期的训练是发展速度耐力的低强度训练：600 米＋400 米＋200 米＋400 米＋600 米，以 400 米走为间歇（每次间歇 5～6 分钟），强度约 70%。

③学生李某（400 米成绩 47.93 秒）赛季中期的训练是发展速度耐力的高强度训练：300 米×6 次，以 300 米走为间歇（每次间歇 5～7 分钟，最后一次间歇 10～15 分钟），强度 90%，最后一次检查 300 米跑的成绩为 34.5 秒。

（5）柔韧、灵敏和协调训练：在肋木或台阶上做各种压肩、下腰、压髋、压腿练习，在体操垫（或草坪）上做各种压腿和拉伸练习，两人一组对压，行进间徒手操、摆腿练习等。

二、短距离游泳项目

短距离游泳项目要求运动员身材高，臂展长，动作灵活，肺活量大。例如，以 2012 年第 30 届奥运会男子 4 枚金牌得主、先后荣获 18 枚奥运会游泳金牌的美国选手迈克尔·菲尔普斯为例，他的身高 1.94 米，臂展 2.09 米，而腿长只有 0.89 米，体重 90 千克。这样的身体形态使得他在水中仿佛是一架又细又长的帆船，划动自如。此外，他的肺活量为 15000 毫升，大大超过一般男子的肺活量（3500～5000 毫升）水平。

中国游泳队原总教练陈运鹏对游泳运动员的体能训练做过以下概括："耐力是基础，力量是关键，速度为核心，技术来表现。"这对短距离游泳运动员的体能训练有着重要的参考价值。短距离（50 米、100 米）游泳运动员的体能训练包括水上体能训练和陆上体能训练，这里重点探讨陆上体能训练。

（一）力量训练

（1）游泳用力技术分析：游泳属周期性项目，动作要求多次重复，肌肉工作性质属克制性工作。在游泳的四种正式比赛姿势中，蝶泳、仰泳、自由泳是以上肢用力为主，而蛙泳是由下肢用力为主转移到上、下肢用力均等。出发和转身时都需要腿部爆发力。

就力量性质而言，短距离游泳运动员需要的力量素质是绝对力量、速度力量和力量耐力；就动作特点而言，最需要的是上肢力量，其次是躯干和下肢力量；从动作过程中肌肉用力在强度和速度上所表现出来的特点来分析，等动力训练法是游泳力量训练的重要方法。

科研人员用肌电描记仪测得的快速游泳时的活动图片表明，背阔肌、胸大肌、肱三头肌、肱二头肌、大圆肌是四种泳姿中推动身体向前游进的主要原动力。自由泳和仰泳的主要肌肉用力情况大体相近；蝶泳时斜方肌、腹直肌、三角肌的用力很突出；蛙泳时三角肌前部、股二头肌、臀大肌、腓肠肌、阔筋膜张肌的用力则更突出。此外，臂内旋肌、手腕肌和手指屈肌等在划水时也参与用力。有些肌肉如骶棘肌、腹直肌等，虽不产生动力，但起支持、连接和保持身体平衡，使躯干成流线型姿势的作用。

（2）游泳力量训练方法：游泳力量训练方法主要包括等动练习、动力性负重练习和静力（或慢速动力）练习三类。其中，等动练习由于在整个动作过程中都能使运动员受到恒定的负荷刺激，因而能更快地增长专项技术所需的肌肉力量。进行等动练习时必须根据不同姿势的技术特点，采用相应的模仿各种姿势的专门练习，并根据运动员的力量情况调节等动练习器阻力大小。此外，循环练习对发展肌肉力量也有积极作用。短距离游泳运动员除力量耐力外，还必须具备较好的绝对力量和速度力量，因此训练时必须做一些重量大、组数多、次数少的力量训练（表 6-5、表 6-6）。

表 6-5 游泳运动员上肢力量训练动作与方法

动作名称	作用	采用器械	强度	组数×次数
颈后臂屈伸	发展划水力量	橡皮带、等动练习器、轻杠铃、哑铃等	50%~70%	3×（8~12）
伸肘练习	发展肱三头肌		小	3×30 以上
屈腕、旋腕、前臂绕环、臂内旋	发展抓水的屈手、臂内旋的肌群	哑铃等	小	3×30
仰卧直臂下压、仰卧颈后臂屈伸	发展肩带肌群、胸大肌	橡皮带、等动练习器等	50%~70%	3×20 以上
俯卧跪、坐姿直臂下压	发展肩带肌群、背阔肌、胸大肌	综合练习架、等动练习器、橡皮带等	小	3×30 以上
俯卧拉、屈体划船	发展背阔肌、斜方肌、肱二头肌等	杠铃等	50%~70%	4×（8~12）
颈后引体向上	发展肱二头肌、背阔肌等	单杠、沙衣等	大	3×15 以上
弯举	发展肱二头肌	杠铃、哑铃等	50%~70%	3×（8~12）
模仿各种泳姿的划水专门练习	发展划水力量，体会正确技术	滑板拉力器、滑轮拉力器、等动练习器、橡皮带等	小	3×100 以上

表 6-6 游泳运动员躯干及下肢力量训练动作与方法

动作名称	作用	采用器械	强度	组数×次数
仰卧起坐	发展腹直肌、腹内斜肌、腹外斜肌、髂腰肌	杠铃片、轻哑铃	小	3×30 以上
收腹举腿		两人对抗	小	3×30 以上
控腹		杠铃片	较大	3×12
仰卧两头起		不用器械快速练习	3×30	左右
弓身	发展伸展躯干的肌群，如背长肌、骶棘肌、伸骶肌群	杠铃	50%～70%	4×8
直腿抓		哑铃	60%～80%	3×（5～8）
负重挺身		杠铃片	小	3×（20～30）
负重体侧屈负重转体	发展腹背部两侧肌群	杠铃、杠铃片等	50%～70%	3×（10～15）
			60%～70%	3×（10～15）
并腿下蹲、深蹲、半蹲	发展股四头肌等	杠铃	70%～90%	（6～8）×（3～8）
腿蹬出	发展股四头肌等	综合练习架	50%～80%	（3～4）×（8～12）
各种蹲跳	发展大腿及小腿肌群，发展弹跳力	轻杠铃、哑铃	40%～50%	3×15
负重提踵	发展屈足肌群力量	杠铃、负人	50%～70%	3×30 以上
负重蹬板凳	发展弹跳力	杠铃片	50%～70%	3×（8～12）
跪姿身体后屈再起坐	拉长腿肌、压踝关节、增强腿力	不负重		
跳深	发展弹跳力	沙衣	小	3×（10～30）
负重大腿练习	发展大腿力量	沙护腿	小	3×50 以上

在进行游泳力量训练时，应注意儿童青少年的生理特征，不宜过早进行大强度负重力量训练。此外，还应特别注意以下几点。

（1）应紧密结合游泳动作及用力特点来安排力量训练，做到陆为水用，注意转换。此外，采用一些水中力量训练方法（如水中等动练习器、阻力板、拖人或漂浮重物等）也特别有效。

（2）要根据不同的距离（短距离和中长距离）、不同的姿势（四种泳姿）、不同的性别和年龄组等特点来安排力量训练。

（3）力量训练要细水长流，持续不断。

（二）速度训练

速度素质的发展敏感期较早，儿童青少年应特别注意对速度素质的训练，保证速度训练在整个训练中的比例。游泳运动员的速度水平主要表现在用最快的动作频率游完一定距离的能力。发展快速能力可采用短距离（10～50米）、持续时间5～15秒或15～30秒、强度90％～100％、间歇40～90秒的快速练习，并力争最大限度地动员全身力量，使动作频率快、幅度大，以达到最高的速度水平。此外，还可采用较轻的重量，按规定的时间或次数来完成练习，如短距离跑、快速跳绳、篮球、体操和垫上运动等。速度训练必须经常安排，并应与出发反应能力训练、转身速度训练结合进行。

（三）速度耐力（专项耐力）训练

根据短距离游泳的特点，发展速度耐力可采用发展力量的手段，即以发展力量性速度耐力为主的手段进行练习。此外，专项速度耐力练习、球类、一定距离的跑步练习，也能促进速度耐力（或专项耐力）水平的提高。

（四）柔韧训练

良好的柔韧性能充分发展运动员的力量速度水平和协调性。游泳要求运动员的肩关节和踝关节必须具备良好的柔韧性，对躯干柔韧性也有较高要求。发展肩关节柔韧性可采用各种伸展练习；发展踝关节柔韧性可采用压踝、加重力的屈伸踝关节和提踝屈膝练习进行训练；发展躯干柔韧性可采用各种垫上练习以及徒手练习、双人徒手练习或一些专门性柔韧练习进行训练。

第四节　体能主导类耐力性项目儿童青少年体能训练

体能主导类耐力性项目主要包括中长距离走、跑、速滑，中长距离游泳，越野滑雪，长距离自行车，划船等项目。从动作特征看，这些项目属于典型的单一动作结构的周期性项目，要求全程有较高的平均速度。从生理学特征看，它们属于大、中强度的肌肉活动，供能特点是有氧供能的比例随距离的增加而递增，同时无氧供能比例递减，能量总消耗递增，其中 ATP－CP 供能所占比例甚小。因此，对运动员心血管系统的机能状况、有氧耐力、力量（肌肉）耐力、速度耐力水平均有很高要求。

体能主导类耐力性项目运动员的体形特点是身高中等、腿较长、体重较轻、脂肪少。例如，男子长跑运动员的理想身高在 1.70 米以上，女子在 1.60 米以上，而中跑运动员的身高一般都高于长跑运动员。中长跑运动员的总体要求是身材匀称修长、脂肪少、肌肉强健、富有弹性、腿长超过身高的一半或与躯干长相等、小腿相对较长、骨盆较窄、臀部肌肉紧缩向上、膝关节和踝关节围度较小、足弓较高、跟腱明显等。

一、中长距离类项目

中长距离类项目主要包括田径运动中的 800 米、1500 米、3000 米、5000 米、10000 米跑，竞走，200 米、400 米、800 米、1500 米游泳，越野滑雪，公路自行车，划船等。这些项目要求运动员必须具备突出的有氧耐力、力量耐力和速度耐力。

（一）中长跑运动员的体能训练

800～10000 米跑对运动员耐力水平要求很高，因此必须在身体全面发展的基础上重点发展专项体能素质，提高心血管系统和呼吸系统的机能。由于中长跑项目较多，所以在素质方面的要求有一定的差别和侧重。例如，中跑（中距离跑）更需要速度，长跑更需要良好的耐力。中长跑都要围绕专项耐力进行训练，以提高无氧代谢水平和无氧代谢能力。

1. 耐力训练

（1）一般耐力训练：一般耐力（有氧耐力）是专项耐力的基础。中长跑运动员必须注重一般耐力的训练，特别是长跑运动员比中跑运动员采用的耐力练习的距离更长，时间更多。其练习方法可采用定时跑、强度较小的越野跑、爬山、球类运动、滑冰、滑雪等体力练习。

（2）专项耐力训练：专项耐力在全年不同的训练阶段都要系统安排。发展专项耐力（包括速度感、跑的节奏）一般采用距离较长的反复跑、变速跑、越野跑、检查跑等。在越野跑中把发展一般耐力、专项耐力和速度结合起来进行训练也是一种较好的方法。

2. 速度训练

速度水平是提高中长跑运动成绩的一个重要因素。如果运动员的速度水平较低，他将很难达到较高的运动水平。发展速度的练习可采用短距离的反复跑、变速跑（200 米以内或不等距离）、行进间跑、加速跑和起跑练习等。中跑运动员速度练习比重应大于长跑运动员。

3. 力量训练

力量训练的重点是发展力量耐力，可采用较长距离的跑、跳专门练习（如200～400 米后蹬跑、跨步跳），多次重复轻重量和中等重量的负重练习，上坡跑，在沙滩（沙坑）上进行跑、跳练习，发展腿、腰、腹、背、上肢的力量练习，循环练习等。中跑运动员还应加强速度力量和腿部肌肉力量的训练。另外，中长跑运动员还应注意腿部、髋关节和踝关节的柔韧训练。

4. 中学生中长跑运动员体能训练实例

重庆市某高中中长跑运动员每周进行 1～2 次体能训练，其中一位男运动员800 米成绩达到 1 分 54 秒，一位女运动员 1500 米成绩达到 4 分 50 秒。以下是具体训练内容。

（1）力量训练介绍如下。

①负重循环练习内容。

a. 快挺：用 20 千克杠铃杆连续快挺 30 次，做 4～6 组。要求动作要快，肘关节可不伸直。

b. 提拉杠铃：双手握杠，从地上提拉重量为 40～60 千克的杠铃到与肩同高，连续做 20～30 次，做 4～6 组。

c. 箭步高翻：将重量为 40～80 千克的杠铃提至膝上做弓箭步高翻，连续做5～8 次，做 4～6 组。

d. 半蹲跳：负重量为 40～80 千克的杠铃，大小腿夹角为 90 度，上体正直，连续做 10～20 次，做 4～6 组。

e. 弓箭步走和换腿跳：负重量为 30～50 千克的杠铃走 30～50 米，做 6～8组。要求上体正直，大腿高抬送髋。

f. 高抬腿跑：负重量为 30～50 千克的杠铃高抬腿跑 30～50 米接徒手加速

跑 30 米，做 5～8 组。要求始终保持高重心，支撑腿髋、膝、踝三个关节伸直。

g. 台阶换腿跳：台阶高度为 35～45 厘米，负轻杠铃连续换脚跳 40～60 次，做 3～5 组。要求脚着地时间要短，换腿时髋、膝、踝三个关节伸直。

h. 沙袋跳：穿沙背心和沙绑腿做各种跳跃练习。

②不负重的力量练习内容。

a. 单腿跳：（100～200）米×（4～5）组，数步数，间隙 5～6 分钟。

b. 跨步跳：（100～200）米×（4～5）组，数步数，间隙 5～6 分钟。

c. 蛙跳：（50～100）米×（1～3）组。

d. 立卧撑：立起时尽可能地往上跳起，着地后马上还原。

e. 跳栏架：栏架 10 个，栏间距为 2 米左右，连续跳过。刚开始时栏间允许一次踮步小跳，以后逐渐缩短栏间距离（或增加栏高度），取消过渡的一小步，连续跳过栏架，做 10～15 组。要求上体正直（眼看前方），收腹大腿触胸部。

f. 拉橡皮条。

原地拉橡皮条快摆腿：双手扶栏架，橡皮条一端固定，另一端系在一条腿的脚踝上，单腿快摆 40～60 次，做 4～7 组。

俯卧小腿钩橡皮条：俯卧在垫上，两根橡皮条一端固定，另一端分别系在两腿的脚踝上，快速收小腿 30～50 次，做 5～7 组。

人拉橡皮条高抬腿 30 米×4 次。要求上体前倾用力摆臂，高抬大腿。

下拉橡皮条，后蹬跑 30 米×4 次。

g. 仰卧（或俯卧）两头起：30～50 次×3～5 组。

③要求：中长跑力量训练一周安排 1～2 次，一般采用循环训练法。练习动作要快，负荷量大，组与组之间不休息，一个循环完后间歇 2～3 分钟。

④训练计划示例。

a. 徒手循环练习：原地起踵，下蹲起立，立卧撑，腰腹肌，弓箭步换腿跳，原地摆臂，原地高抬腿跑 30 秒，做 3～5 组。

b. 杠铃练习：快挺 25 次，换腿跳箱盖 30 次，快速抓举 25 次，原地纵跳 25 次，做 3～5 组。

（2）速度训练介绍如下。

①冬季每周安排 1 次速度训练，夏季（含比赛期）每周安排 2～3 次 200 米

内的不同距离重复跑，耐力训练后必须有短距离冲刺跑，也可一堂课安排速度训练。速度训练可采用以下练习方法：站立式（自动）起跑30米×（3～4）次；行进间30米×（2～4）次；自动60米×4次，行进间60米×2次；自动与发令100米×（2～4）次；自动与发令150米×（2～4）次；自动与发令200米×（4～6）次。

②赛季初期速度训练以发展速度耐力为主，采用低或中等强度的训练200米×（6～8）次，练习2组，每次间歇2～3分钟，组间间歇8～10分钟，强度为70%～80%。

（3）耐力训练：中长跑运动员耐力训练几乎每天都要进行，训练负荷量（强度）每天都有所不同。发展一般耐力的强度为80%以下，发展专项耐力的强度为80%～95%，在中长跑比赛中，若跑的节奏被打乱，会使运动员体力消耗加大，造成心理紧张。中长跑运动员每圈跑速的时间分配至关重要，在训练中要求运动员逐步建立全程跑的每圈"速度感"，形成自己跑的速度和节奏。

①有氧耐力训练：采用长时间、小强度训练负荷定时跑时，应规定距离，如5～10千米超专项越野跑，或围绕学校公路的自然地形跑。训练方法有持续训练法、间歇训练法和计圈定时跑。

a. 长时间匀速跑可分为慢速、中速、快速进行。慢速跑主要用于提高一般耐力，主要在准备期开始阶段，心率控制在每分钟130～150次，每5分钟跑1000米，一次课至少要练习15分钟；中速跑的速度在慢速和中速之间；快速跑的跑速为每4分钟1000米。

b. 法特莱克（变速）跑：也称随心所欲跑，即根据运动员的自身感觉来调整速度的快、慢，最好采用自然地形或有变化的场地进行。

②无氧耐力训练。

a. 速度耐力：50米×10次、100米×10次，单数快，双数跑节奏，每次以走回为间歇；（150～200）米×（8～12）次，每次以慢跑为间歇。

b. 专项耐力：主项或接近主项距离重复跑，如（1000米＋600米＋300米）×（2～3）组或（1600米＋1200米＋300米）×（1～2）组间歇跑；（300～600）米×（8～10）次×（1～2）组，以相同距离慢走（或跑）为间歇；专项检查跑或模拟比赛。

耐力训练应注意以下几点：进行有氧－无氧耐力训练时，应按比赛节奏跑，通过反复练习达到教练要求，如 800 米和 1500 米每圈跑多少时间、如何分配体力等；增加测验和比赛次数，每周至少测验 1 次，每月 1 次检查跑；每天放松慢跑 800～1200 米，柔韧和静力牵张练习 10～20 分钟。

③训练计划示例如下。

a. 冬季准备期：星期一，慢速跑 8000 米；星期二，身体循环练习；星期三，快速跑 6000 米；星期四，慢速跑 8000 米；星期五，5×1000 米；星期日，法特莱克跑 6000 米。

b. 春季准备期：星期一，5×1000 米；星期二，8×400；星期三，跳跃循环练习；星期四，4×600 米；星期五，休息；星期六，1×2000 米，休息 12～15 分钟，1×1000 米。

（二）竞走运动员的体能训练

竞走运动员体能训练的重点是发展下肢力量、耐力、腿部动作频率和柔韧性。常用练习方法有徒手体操、跳跃练习、跳绳、越野跑、变速跑、爬山、滑冰、球类活动、负重力量练习；各种专门性力量、技术和柔韧练习。

（三）中长距离游泳运动员的体能训练

中长距离游泳运动员的体能训练与短距离游泳运动员的体能训练相比，有许多共同的特点。例如，两者都需要良好的力量耐力、速度水平和专项柔韧性。其主要区别是中长距离（特别是长距离）项目对运动员耐力水平要求更高。因此，中长距离游泳运动员的陆上身体训练应在全面发展一般素质的基础上，提高全身肌肉的力量耐力水平、速度耐力水平、一般柔韧性和专项柔韧性，并重点加强一般耐力和专项耐力的训练，提高心血管系统和呼吸系统的机能。发展耐力素质可采用各种陆上的球类活动、长跑、越野跑以及发展力量耐力的专门练习和反复多次的中长距离专项游泳训练。

（四）中长距离速滑、越野滑雪运动员的体能训练

中长距离速滑、越野滑雪不仅要求运动员必须具备良好的耐力素质，而且对力量（特别是腿部力量）、速度耐力、平衡性、协调性、柔韧素质有很高的要求。因此，身体训练的重点是发展有氧耐力、无氧耐力、腿部力量素质（特别是力量耐力）、速度耐力、灵敏素质、柔韧性以及观察能力、平衡能力和动作协调性。

这些运动素质可通过多种多样的一般练习和长距离专项练习来发展。

二、超长距离类项目

超长距离类项目主要指马拉松、超长距离公路自行车和铁人三项等。这些项目的比赛距离长，比赛时间也长（一般为2~6小时），运动员要动员全身的力量进行长时间的、艰苦而连续的肌肉活动。因此，这类项目的运动员如果没有良好的全面发展的体能水平，特别是没有突出的耐力水平和坚强的意志，是很难取得良好成绩的。

超长距离类项目运动员体能训练的重点是发展耐力素质和提高一般体能训练水平。以马拉松选手的训练为例，在准备期可采用徒手练习、各种器械练习、跳跃练习、力量练习、球类活动、滑冰、爬山、各种跑的专门练习、长时间的走跑交替练习、强度不大的匀速越野跑和变速越野跑、组合练习、循环练习等来发展一般耐力和各项运动素质。专项耐力以及跑的节奏感、速度感等可采用反复跑、变速跑、连续跑以及各种专项练习来发展和提高。

第五节　技能主导类难美性项目儿童青少年体能训练

技能主导类难美性项目主要指竞技体操、跳水、艺术体操、武术（套路）、花样游泳、花样滑冰、蹦床、技巧、竞技健美操等项目。这些项目有的是在陆上，有的是在空中、水上或冰上进行运动；有的是在特定器械上或者手持各种器械，或是在与同伴的相互配合下完成动作。这些项目运动员比赛时要在三维空间中交替进行难度极大的动力性和静力性肌肉工作，同时还要表现出具有强烈吸引力的人体美和运动美。对速度力量、动作速度、专项耐力、柔韧性和灵敏素质都有很高的要求，并在追求动作和编排上的难与新，技术和姿态上的美和稳的同时，向着高度的技巧化与完美的艺术化相结合的方向发展。

技能主导类难美性项目运动员的身体形态要求是身体匀称，五官端正，女子颈部略长，锁骨和肩胛骨较平，四肢稍长，手臂较直，小腿长于大腿，膝关节平直，踝关节略细，跟腱细长清晰，手脚大，骨盆狭窄，臀部肌肉向上紧缩，肌肉呈条形。

难美性项目运动员完成全套动作的持续时间和主要供能系统如表 6-7 所示。

表 6-7 难美性项目运动员完成全套动作的持续时间和主要供能系统

项目		持续时间/秒	主要供能系统
竞技体操	跳马（男、女）	5～7	磷酸原（ATP－CP）
	鞍马	25～30	磷酸原－糖酵解
	吊环	25～30	磷酸原－糖酵解
	双杠	25～30	磷酸原－糖酵解
	单杠	25～30	磷酸原－糖酵解
	高低杠	25～30	磷酸原－糖酵解
	自由体操（男）	50～70	糖酵解
	自由体操（女）	70～90	糖酵解
	平衡木	70～90	糖酵解
艺术体操	个人项目	75～90	糖酵解
	团体项目	135～150	糖酵解～有氧
健美操	个人项目	105±5	糖酵解～有氧
	双人项目	105±5	糖酵解～有氧
	六人项目	140±5	糖酵解～有氧
技巧运动	第一套动作	≤150	糖酵解～有氧
	第二套动作	≤150	糖酵解～有氧
	第三套动作	≤180	糖酵解～有氧

资料来源：王向宏. 体能训练理论与方法 ［M］. 北京：北京航空航天大学出版社，2010：145.

技能主导类难美性项目运动员的体能训练有以下几个特点。

第一，体能水平是其竞技能力的重要决定因素，因此体能训练占有较大的时间比例（通常为训练总时数的 25％）。

第二，适当采用非专项的练习项目，促进运动员的机体水平的发展。由于本项群较多项目对心血管系统锻炼不足，所以应注重运用长跑、短跑、游泳、球类等运动方式，提高运动员的健康水平。

第三，十分重视专项身体素质训练，采用在技术结构上近似于基本运动技能的动作和那些能使运动素质达到新水平的专门动作作为专项素质训练的手段。

第四，身体训练贯穿在全年不同的训练时期中，其训练内容与手段可因处于不同的训练时期而变化。通常在过渡期进行一般身体训练，特别是采用专项训练；准备期一般身体训练与专项身体训练的比重为1∶3或1∶2；竞赛期的身体训练则最大限度地体现在运动技能训练中，多进行专项力量和专项耐力练习。

一、竞技体操

竞技体操属于非周期性运动项目，运动员的身体形态特征是身材匀称，上下肢较长，身高低，体重轻，臂长手大，肩宽臀窄，肌纤维比较长，跟腱比较短。竞技体操项目的练习时间较短，但强度大，因此人体主要靠无氧代谢供能。

竞技体操项目运动员体能训练的目的是改善神经系统和心血管系统的机能，提高肌肉群的力量，发展速度、耐力、柔韧性和协调能力，提高平衡能力以及对方向和时间的判断能力等。练习手段多采用与专项技术结构相似的练习或专项动作来发展所需的运动素质，以加速掌握技术动作进程，增强比赛能力。

（一）力量训练

力量是体操运动员的重要素质，加强体操运动员的力量（特别是相对力量）训练尤为重要。发展力量可采用负重练习、克服自身体重的练习、专门力量练习器练习和专门的体操技术练习等。具体练习部位有上肢、躯干、下肢等。

（1）上肢力量训练：上肢力量训练的重点是发展推撑力量，悬垂拉引力量，两臂直臂内收、外展和屈伸的力量。可采用俯撑、俯卧撑、俯撑击掌、双杠支撑摆动、支撑摆动臂屈伸、各种手倒立、杠铃推举、引体向上、爬绳、爬杆、套环带的十字支撑、俯卧压十字等练习方法。

（2）躯干力量训练：重点是发展腹肌、背部肌群力量。可采用仰卧起坐、仰卧举腿、仰卧两头起等练习方法。

（3）下肢力量训练：下肢力量训练的重点是发展弹跳力。可采用原地连续纵跳、10～20米的单脚或双脚连续跳、立定跳远、跳绳、跳深练习、负重跳跃、负重起踵、原地团身后空翻等练习方法。

（二）速度训练

除跳马所需的位移速度外，竞技体操主要需要动作速度，如起跳、空翻或复合空翻动作中的翻转动作和转体动作，跳马的推手等都需要动作速度。近年来世界体操运动发展很快，动力性和摆动类型的动作越来越多，要求初速度快，腾空动作高而飘，每个动作发力快，动作之间的间歇短。因此动作速度的训练非常重要。

（1）一般动作速度练习：可采用最快的速度完成若干次俯卧撑，用最快的速度完成引体向上；由屈臂俯撑快速推离地面在空中击掌 1～3 次；快速"两头起"；手倒立快速爬行等。

（2）快速完成转体和翻转动作速度的练习：原地跳起转体 360 度、540 度、720 度，连续快速侧手翻多次；连续快速后手翻多次；连续快速侧手翻向内转体 180 度接后手翻；利用弹板做团身或屈体前空翻以及加转体的动作；利用弹板做团身或直体后空翻以及加转体的动作；两臂俯撑推离跳马转体 360 度成俯撑等。

（3）助跑速度训练：常用手段有 20～30 米加速跑、起动冲刺跑、行进间跑、上坡跑与下坡跑等。练习时应注意与专项要求结合，最后做一个跳马上板前的单足起跳动作。

（三）耐力训练

耐力训练主要发展一般耐力和专项耐力。一般耐力训练可采用越野跑、球类活动、400～1500 米跑、循环练习、组合练习等。专项耐力训练常常与各项技术训练结合在一起，主要采用成套练习、半套练习或一些反复多次的专门技术练习。

（四）柔韧训练

男子着重发展肩、腕、腰、髋等部位的柔韧性，女子着重发展肩、胸、髋、腰和踝等部位的柔韧性。发展肩、胸部柔韧性主要采用压、拉、吊、转等方法；发展躯干柔韧性主要采用体前、后屈，甩腰，吊腰，单脚或双脚前压软翻练习；发展腿部柔韧性主要采用压腿、扳腿、踢腿、控腿、劈腿等方式进行。此外，还可采用一些专门练习发展踝关节和腕关节的柔韧性。

（五）灵敏素质和协调能力训练

竞技体操对运动员的灵敏素质和协调能力有很高要求。可采用以下方法提高灵敏素质和协调能力：熟练掌握多种体操技术和技能；经常变换练习和技术动作组合；采取弹网或弹板等专门器械进行力所能及的翻腾和转体动作练习；采用一些专项动作、组合练习和专门手段发展灵敏素质和协调能力。

二、艺术体操

优秀艺术体操运动员的身体形态特征是身材匀称、身高较高、四肢长、肩宽、骨盆窄、手长、足弓高、跟腱长、体脂百分比和体质指数低。

艺术体操项目对运动员的柔韧性、协调性、弹跳力、耐力、灵巧性、肌肉控制能力、对器械的控制能力、节奏感、平衡性、观察能力、判断能力、模仿能力和表演能力均有很高要求。除了发展上述素质外，还要加强运动员的美感、审美能力和乐感的训练。

（一）启蒙阶段训练（6~8 岁）

此阶段主要采用跑跳练习、游戏、舞蹈及艺术体操的徒手练习和腰腿基本功练习。另外，还要进行绳和球的基本练习，以发展弹跳力、耐力和灵敏性等专项素质。

（二）基础阶段训练（9~11 岁）

此阶段主要采用舞蹈、技巧、腰腿基本功练习。艺术体操的一些徒手练习可用来发展专项运动素质；绳、球、圈、棒、带的基本动作练习，可以发展运动员对器械的控制能力和节奏感。同时，仍应适当采用一些田径项目和游戏发展一般运动素质。对自身的肌肉控制能力、节奏感等，则主要通过专项技术练习、成套练习、技巧练习、舞蹈和腰腿基本功练习来发展。

（三）提高阶段训练（12~13 岁）

此阶段仍应继续提高专项身体素质和一般体能训练水平，并可适当采用少量的一般身体练习。专项耐力、柔韧性、协调性和对器械及自身的肌肉控制能力、节奏感等，则主要通过专项技术练习、成套练习、技巧、舞蹈和腰腿基本功练习来发展。

（四）高水平阶段训练（14 岁以后）

该阶段体能训练的主要任务是继续保持柔韧性和提高力量、耐力及整个身体的机能水平。训练内容以专项的舞蹈、技巧及腰、腿基本功练习为主。

三、武术

武术项目对体能有比较全面的要求。根据武术的特点和技术发展的需要，运动员必须注重速度、快速力量、弹跳力、柔韧性、灵敏和耐力素质的训练。

武术传统的基本功和基本动作练习是发展武术运动员专项体能素质的重要手段。其中的腰、腿、臂、桩四种功法对身体主要部位的素质发展有重要的作用。基本功和基本动作练习不仅能使身体各部位得到较全面的训练，运动素质得到较全面的发展，还能促进各关节柔韧性和协调性的提高、肌肉控制能力和弹性增强以及前庭分析器机能的提高，使专项素质得到较好发展，为学习和掌握器械套路和提高技术水平打下基础。

与此同时，还要借鉴一些其他运动项目的内容来发展一般运动素质。例如，通过多级跳、短跑和长跑来发展下肢弹跳力、速度和耐力；通过负重力量练习来发展肌肉屈伸力量和弹跳力；通过球类运动、爬山、跳台阶来发展一般耐力、灵敏和下肢力量；通过完整的套路练习、半套以上练习和组合练习来发展专项耐力和专项协调性等。

发展专项运动素质的基本功和基本动作的练习主要有以下几种。

（1）肩臂练习：该练习的主要目的是提高肩关节柔韧性，加大肩关节活动范围，提高上肢专项运动能力。主要练习方法有压肩、绕环、托臂等。

（2）腿部练习：该练习主要发展腿部柔韧性、灵活性和力量。练习方法有正压腿、侧压腿、后压腿、仆步压腿、正扳腿、侧扳腿、后扳腿、劈腿、踢腿（如直摆性腿法、屈伸性腿法）、扫腿（前扫腿、后扫腿）等。

（3）腰部练习：手法、眼法、身法、步法是武术运动的四个基本要素，腰是反映身法技巧的关键。主要练腰方法有俯腰、甩腰、涮腰和下腰等。

（4）手型、手法练习：手型练习有拳、掌、勾。手法练习有冲拳、架拳、推拳、亮拳等。

（5）步型、步法练习：该练习可以发展腿部力量和速度，提高两腿移动的灵活性和稳固性。步型练习方法主要有弓步、马步、虚步、仆步、歇步、坐盘、丁步。步法练习方法主要有击步、垫步、弧形步。

（6）跳跃练习：该练习对增强腿部力量和提高弹跳能力有良好的作用，如腾空飞脚、旋风腿、腾空摆莲等。

（7）平衡练习：该练习对发展腰部和髋部力量及肌肉控制能力有积极作用，如提膝平衡、燕式平衡等。

（8）跌扑滚翻练习：该练习对培养前庭分析器官的稳定性，提高协调性、灵敏素质和速度力量有良好作用，如抢背、鲤鱼打挺、乌龙绞柱、侧空翻、旋子等。

四、竞技健美操

竞技健美操运动员的身体形态特征是身材匀称，五官端正，四肢稍长，手臂直，小腿长于大腿，关节平直，踝关节略细，跟腱细长清晰，肩宽臀窄，臀部肌肉向上紧缩，肌肉呈条形，女子颈部细长。

竞技健美操要求运动员必须具备突出的力度感、良好的动作速度、节奏感、协调性、柔韧性及耐力水平。具体训练内容包括以下几个方面。

（1）力量训练：主要加强快速力量和力度感的训练。练习时，动作速度要快，节奏分明。可采用快速俯卧撑、立卧撑、腰腹肌练习、卧推及一些专门力量练习和跳跃练习等。

（2）速度训练：主要是动作速度和节奏感的训练。可采用专门动作练习、分解练习、组合练习或专门练习。

（3）耐力训练：主要通过越野跑、长跑、球类活动发展一般耐力；通过反复进行的成套练习、半套练习和组合练习发展专项耐力。

（4）柔韧和协调性训练：竞技健美操对运动员肩、腹、髋及下肢柔韧性有较高要求，应采用各种专门练习来发展这些部位的柔韧性。协调性的提高则主要通过成套练习、组合练习和专项技术练习来发展。

第六节　技心能主导类准确性项目儿童青少年体能训练

技心能主导类准确性项目主要指射击、射箭、弓弩等表现高精度、准确性命中类项目，这类项目对运动员的心理素质有很高要求，并对平衡稳定能力、精细感觉能力（如位觉、触觉、本体感觉和视觉）、反应速度、动作协调性、静力性力量和专项耐力有较高要求。

技心能主导类准确性项目运动员的身体形态特征是体态匀称，以中胚叶型居多。射击和射箭对运动员的体形没有明显的要求，但不同单项对运动员体形要求有所不同。例如，手枪运动员要求臂短一些，手大指长；步枪运动员要求臂长一点，臂展等于或者略超过身高；射箭运动员要求臂展比身高略长，同时要求手大指长，以利于开弓时的直线运动。

以射箭运动为例，为了使箭射向靶心，射箭技术必须准确一致。在瞄准阶段，尤其是在撒放前，高水平射箭运动员肌电活动的平均值波动小，而且标准差也小，说明射箭用力准确性高而平稳，并且每次射箭时的用力状况比较一致，只有这样才能提高射箭的命中精度。

根据上述特点，技心能主导类准确性项目运动员的体能训练可从以下几方面进行。

一、力量训练

力量训练重点发展运动员的臂力、握力和腿力。臂力和握力是完成瞄准和击发（撒放）动作的需要，腿力是长时间保持稳定的身体姿势的需要。为了保持长时间静力性肌肉工作，还必须具有良好的保持性肌肉耐力。可采用中等强度的静力性练习法、等动练习法、循环练习法和一些专门性练习来发展力量素质，也可采用推举、卧拉、深蹲、举哑铃等动作发展力量，还可采用发展上肢力量（握力、腕力、臂力）、腰腹力量、腿部力量的专门练习。此外，手枪运动员应注重小臂和肱三头肌的力量训练，步枪运动员应侧重肱二头肌的力量训练。

二、速度训练

速度训练主要是发展反应速度和动作速度。可采用突然发出的信号（如选择性练习、起动跑、转向跑等）进行练习，也可采用球类活动、游戏和专项技术练习来发展，还可采用快速跑 100 米、200 米及多种姿势的游泳练习。

三、耐力训练

准确性项目主要需要保持长时间工作能力的专项耐力，可采用专项技术训练和专项身体训练来发展。一般耐力则可采用走跑结合、强度较小的练习，也可采用 3000 米跑、5000 米跑、越野跑、游泳、登山、球类活动等来发展。此外，还可采用步枪卧、跪姿耐力和手枪立位耐力练习。

四、柔韧和灵敏素质训练

柔韧素质的训练可采用各种徒手练习，灵敏素质主要采用徒手练习、器械练习、组合练习和各种游戏来发展。

第七节　技战能主导类项目儿童青少年体能训练

技战能主导类项目主要包括隔网对抗、同场对抗、格斗对抗、轮换攻防对抗项目。此类项目属于多元动作结构的变异组合项目，其共同特点是要求运动员在很好地掌握技术和战术的前提下，必须具备良好的力量、速度（特别是复杂反应速度、起动力、动作速度、位移速度）、耐力、灵敏素质和协调性。因此，必须全面发展各项运动素质。

一、隔网对抗项目

技战能主导类隔网对抗项目主要包括乒乓球、羽毛球、网球（软式网球）、排球、沙滩排球、藤球等。这些项目的战术变化多种多样，对反应速度（特别是复杂反应速度）、动作速度、移动速度、起动力、力量、耐力、灵敏和协调性要求很高。

技战能主导类隔网对抗性项目对运动员体形有不同要求。例如，排球项目要求运动员身材高、四肢较长，而坐高相对较短、皮脂薄、臂长、手较宽、骨盆相对较窄、小腿长、踝围细、跟腱长；乒乓球项目要求运动员身材匀称、手臂略长、身高和体重适中、腰短、足弓深等；网球项目要求运动员身高适中并略高、身材匀称、体格健壮、手臂略长、臀部小、踝围细、足弓深。

（一）力量训练

力量训练重点是发展上肢、躯干、腰、腹、背部和下肢力量。可采用杠铃、哑铃、实心球和其他带有一定重量的器械，以及垒球掷远和引体向上练习等。此外，各种跳跃练习和专项辅助练习对发展上肢、躯干、下肢力量也有良好效果。

隔网对抗项目运动员的力量训练主要是发展速度力量，提高快速用力的能力。因此，练习时不能只追求重量而忽视速度，应当在保证快速用力的基础上逐渐增加重量。

（二）速度训练

速度训练主要发展运动员的复杂反应速度、起动速度、起跳速度、动作速度和短距离冲刺跑速度。经常采用的速度练习方法有小步跑、跨步跳、各种不同姿势的起跑、30～100 米冲刺跑、变速跑以及各种发展简单和复杂反应速度的练习等。

速度训练很重要的一点是必须结合专项需要进行专项速度训练。以排球运动员的训练为例，所要求的速度不仅是单位时间内移动距离长，而且应具有很好的反应速度、起动速度、摆臂速度和爆发性的跳跃速度等，只有这样才能做到眼明、手快、腿快，球到人到，球变人变，技术、战术运用自如。

排球运动员常用的专项速度练习方法有看手势或其他信号向前后左右的快速移动，在 6～9 米区域内做折返跑或往返移动练习，以传接球的准备姿势做滑步、交叉步、跨步等快速移动练习，扑接传球或扣球方向、速度、力量改变的各种来球，快速摆臂做鞭打动作，用鞭打动作投掷轻器械（如棒球、小皮球等）练习，以及对墙连续跳起扣反弹球练习、根据二传球快速移动起跳扣球等。此外，助跑摸高和立定跳远对发展快速弹跳力也非常有效。

多球训练是发展隔网对抗项目运动员快速能力和专项耐力的重要手段。乒乓球、羽毛球、网球、排球等均可采用多种不同形式的多球训练（如落点固定的多球练习、落点变化的多球练习、旋转方式不变的多球练习、旋转方式变化的多球练习和力度不同的多球练习等）来发展快速能力。

（三）耐力训练

良好的耐力素质可以使运动员在激烈的隔网对抗运动中保持良好的竞技状态和进行长时间比赛。隔网对抗的球类项目比赛时间最少的有几十分钟，多数时长为 2～3 小时，因此必须加强耐力训练，提高耐力素质。

隔网对抗项目所需要的耐力素质一般都是强度大、每次时间短而重复次数多的专项耐力、速度耐力和力量耐力（或弹跳耐力）等。其练习手段可采用各种长时间的专项练习、慢跑、越野跑、跳绳、爬山、多次数的负重练习等。

（四）灵敏训练

灵敏是隔网对抗项目所需的重要素质之一。在比赛中，运动员必须根据来球路线和方向而改变位置和打法，要根据对手的动作来判断球的落点、方向、力量和速度。发展灵敏素质的方法可采用垫上运动、活动性游戏以及各种球类活动（如乒乓球的颠球练习等）和专项练习。

（五）柔韧训练

良好的一般柔韧性和专项柔韧性对于掌握难度大、动作复杂的技术动作具有重要作用。可采用各种压肩、转肩、甩腰、劈腿、压腿、踢腿以及其他一般柔韧练习和专项柔韧练习来发展柔韧素质。

二、同场对抗项目

技战能主导类同场对抗项目主要有篮球、足球、手球、水球、冰球、曲棍球等。这些项目竞技能力的构成特点是继续向全攻全守的打法发展，全面发展的运动素质与良好的身体形态条件和娴熟的技术相结合十分重要。同场对抗项目包括了所有在激烈的近身攻防和对抗拼抢中进行比赛的集体项目，要求运动员在时间和空间上占据优势，争取主动，并且必须具备快速的奔跑能力，运动强度大，能量消耗大（ATP－CP 和乳酸供能占 80％左右），因此对运动员的力量、速度、耐力、灵敏、柔韧等运动素质有全面的要求。

技战能主导类同场对抗类项群的身体形态特征可概括为身材高大，胸廓大，手大，脚大，腿长，小腿长，臀部小，踝围小。例如，世界水平的优秀男子篮球运动员的身高大多在 2 米以上，女子大多在 1.90 米以上，体形修长，皮脂薄，手大，指间距较大，手臂长而直，腿直而长（腿长超过坐高），臀部较小，踝围细，跟腱长。男子足球运动员大致可分为身高 1.75 米左右的"速度力量型"，1.85 米左右的"高大灵活型"，其中，守门员身高大多在 1.90 米以上，后卫身高大多在 1.85 米左右。足球运动员的身体形态要求是身材高大，体格健壮，肌肉细长并富有弹性，脂肪层薄，下肢粗壮有力，踝关节围度小，跟腱清晰，足弓较深。

（一）篮球运动员的体能训练

篮球是一项地面和空间争夺都非常激烈的对抗性项目。在 48 分钟的比赛中，运动员必须不断地快速奔跑、滑步、跳跃和抢断球，以及在复杂条件下完成高难度的投篮、抢篮板球等技术动作。有关研究显示，运动员在一场完整的比赛中平均跑或走动 9480 步，跑动距离约 10000 米，其中较高强度的跑动距离为 3000 米，高强度的快速冲刺距离为 1500～2500 米，脉搏达到 36 次/10 秒，在 50％的比赛时间里平均脉搏达到 30 次/10 秒。运动员处于无氧与有氧代谢供能之间。因此，篮球项目对运动员体能要求很高，并且要具备全面发展的力量、弹跳力、速度、耐力、灵敏和柔韧素质。

1. 速度训练

篮球运动员必须具有快速的起动力、反应速度和移动速度。发展速度的方法主要有各种专项速度练习，短跑运动员的各种速度练习，10～30 米加速跑、变速跑，各种快速起动和急停练习，传接球练习，小步跑、后踢腿跑、高抬腿跑、交叉步跑、后退跑、突然急停并改变方向的加速跑，10 米、20 米、30 米的加速跑或变速跑等。

此外，还可采用以下练习方式：3 米急停快速往返跑 10 次（计时）；离墙 3 米快速对墙传球 1 分钟（计次数）；全场快速往返运球上篮或全场运球 3～4 次上篮；半场 8 米三点运球上篮（计时）；根据教练员手势或信号做传球或运球的快速起动和急停；5～8 米往返跑或全场四点折回跑；传球或运球的接力赛；多种脚步动作的转换练习；两人一组从端线开始，全场三传上篮，往返 2～4 次为一组；队员站在端线外，教练员向前场传高吊球或地滚球，一人迅速起动加速跑，接球上篮；两人一组站在端线外，前后相距 2～3 米，根据信号，前面的队员快速运球上篮，后面的队员全力追赶，尽可能追上，并将球抢到手或干扰其动作。

2. 力量训练

篮球运动的攻守对抗突出表现在身体接触中力量的抗衡（即允许未构成侵人犯规的身体接触）。力量在对抗中的地位越来越明显，对身体平衡的控制、技术动作完成的稳定作用和实效性以及技术的发挥有着特殊意义。例如，美国 NBA 著名中锋罗伊斯·奥尼尔的卧推力量达到 208 千克，突出的力量和高大强壮的体魄使他在比赛中具备得天独厚的篮板和拼抢优势；而 20 世纪 90 年代的"亚洲最高中锋"、朝鲜运动员李明勋（身高 2.32 米），由于身体瘦长，缺乏良好的力量素质，所以在比赛中的合理身体接触、快速抢断球中并不具备优势。

篮球运动员的力量训练主要是发展手指、手腕、上肢、腰腹和下肢的力量。可采用指卧撑、俯卧撑、托球、抓球（如抓铅球、篮球）、传接球、引体向上、双臂屈伸、倒立推、卧推、推举、悬垂举腿、仰卧起坐、抓举、挺举、负重弓身、负重体前屈、负重转体、半蹲、深蹲、半蹲跳、负重跨跳、负重两腿交换跳、负重提踵、元宝腹肌、收腹举腿、负重仰卧起坐、后抛实心球、对传实心球、负重腕屈伸等练习方法。练习的强度、组数、重复次数应根据练习对象的年龄、运动水平而异。力量训练的目的主要是发展全身爆发力，因此，训练时必须尽量加快动作速度。

3．弹跳力训练

弹跳力训练必须与力量和速度训练相结合，专门性弹跳练习与技术训练相结合，并促使运动员在各种突然交换的条件下都能迅速起跳，并在空中变换动作。可采用发展腰腹和下肢力量的练习以及跳绳、跳台阶、助跑摸高、三级跳、连续跳、多级跳、跳深、跳栏架、原地双脚挑起摸篮板等练习方法。

4．耐力训练

耐力训练主要发展速度耐力。可采用中长跑、越野跑、游泳、爬山以及各种专项练习提高耐力水平。发展一般耐力经常采用持续匀速负荷和变速负荷的方法，负荷强度一般控制在接近无氧代谢的强度，心率控制在每分钟160次左右。

（1）持续负荷法：采用95%左右的强度，心率控制在每分钟180次左右，重复练习5~6组，重点是发展非乳酸无氧耐力。

（2）重复负荷法：最大心率超过每分钟170次，组间休息5分钟，心率下降至每分钟90次左右时再进行下一组练习。可采用5~8组400米计时跑或不同强度的重复练习。训练重点是提高无氧代谢能力。

（3）间歇负荷法：心率控制在每分钟160次左右，可采用匀速跑、变速跑、折返跑、超越跑。训练重点是提高有氧和无氧混合代谢能力。间歇时间控制在没有完全恢复的情况下进行下一次练习。具体可采用100米加速跑、100米放松跑或40秒左右的连续跑，反复练习。

5．灵敏和柔韧训练

发展灵敏素质可采用各种专项技术练习、辅助练习和各种翻滚、手翻、闪躲、模仿练习，以及各种脚步动作的转换或抢断球游戏、绕过障碍的接力赛、传接各种难度的球、接地滚球和在快跑中根据信号起动、急停、后退跑、转身跑和改变方向跑等。此外，还可采用15秒往返跑、10米×4往返跑、摆脱防守变向移动练习、快速后退跑、运球急起急停、立卧撑等练习方法发展灵敏素质。

柔韧训练可采用各种压指、压腕、压肩、拉肩、转肩、体前屈或体后屈、劈叉、压腿、踢腿、双手持球成弓箭步、向前后左右扔球和拿球，以及一些体操和武术的柔韧性练习动作。

（二）足球运动员的体能训练

足球项目不仅要求运动员必须具备良好的奔跑能力，而且要熟练掌握急停、急跑和急停后转身急冲等动作，这些动作都要求运动员具有高度的灵敏、协调性和速度。在运用全攻全守战术打法的情况下和激烈的比赛中，既要具有在规则允许情况下的合理冲撞能力，又要具备久跑不疲的能力。据统计，在 90 分钟的高水平足球比赛中，一名世界水平的足球运动员要跑动 10～14 千米，平均为 10.8 千米。在整场比赛中，运动员的运动形式主要包括站立、走动（4 千米/小时）、慢跑（8 千米/小时）、低速跑（12 千米/小时）、中速跑（16 千米/小时）、高速跑（21 千米/小时）、冲刺跑（30 千米/小时）、后退跑（12 千米/小时）等。其中，站立、走动、慢跑、低速跑、后退跑等以有氧供能为主，高速跑、冲刺跑以无氧供能为主。尽管高速跑、冲刺跑在比赛中所占比例不大，对比赛制胜却非常重要。足球项目具有以有氧供能为基础、无氧供能为关键的供能特点。

1．力量训练

足球运动员的力量素质是在发展全身力量的基础上，重点发展腿部、上肢、腹部、背部的力量。因此，各种负重练习和轻重量练习，如前抛或后抛实心球、互抛实心球、快挺、快举、深蹲、俯卧撑、卧推、推举、引体向上、双臂屈伸、弯举、仰卧起坐、元宝腹肌、悬垂举腿、蛙跳以及各种结合专项的力量练习，都是发展力量的有效方法。

2．速度训练

足球运动员的速度突出表现在反应快、起动快、冲刺快、突然转身快和完成动作快等方面。通过视觉信号的各种不同姿势的起跑、冲刺练习，结合各种技术动作的快速反应练习，对发展足球运动员的速度都非常重要。练习时可采用以下方法。

（1）以各种起跑姿势进行 10～30 米跑练习。

（2）迎面接力跑（均为短距离练习）或运球绕杆练习。

（3）快速小步跑、高抬腿跑、顺风跑、下坡跑、全速跑、加速跑。

（4）全速运球跑、变速变向运球跑、运球绕杆跑。

（5）先做顶球、颠球、传球和倒地铲球，然后加速跑10～20米。

（6）全速带球跑、变速带球跑、两人追抢球、快速向前传接球、断球、冲刺射门和运动射门等。

（7）在快速跑或快速运球过程中，听、看教练的信号，做急停、转身、变向、跳跃、滚翻和改变方向的跑动练习。

3．耐力训练

足球运动员所需要的耐力是在一般耐力基础上的速度耐力，它是在紧张激烈的比赛中保持高速运动能力的重要条件。足球不像长跑那样是匀速、周期性的运动，而是常常需要在快速运动中变换速度、路线和方向。足球运动员的耐力训练往往需要在变化中进行，因此可采用多种练习来发展。

（1）有氧耐力训练：12分钟定时跑；100～200米间歇跑；400～800米变速跑；3000米、5000米、10000米跑；穿足球鞋的长距离跑。

（2）无氧耐力训练：各种短距离追逐跑；往返冲刺传球；100～400米大强度反复跑；规定时间内做不同人数的抢断球、传球练习；5米、10米、15米、20米、25米折返跑。

（3）循环练习：可根据具体情况设置多站循环练习，如仰卧元宝腹肌10次—冲刺10米—折线快跑20米—突停转身铲球—快速跑过程中跳起头顶球3次—冲刺射门2次—5级蛙跳。

4．柔韧训练

足球运动员必须充分重视和发展柔韧性。可采用各种专项技术练习和结合专项的一般练习来发展柔韧性。练习强度以中等为宜，每组重复20～30次，练习3～5组。练习时可采用以下方法。

（1）颈前屈、侧屈、后屈并绕环，站立体前屈、侧屈、后屈并绕环。

（2）前弓步、侧弓步压腿，纵劈腿、横劈腿，前踢腿、侧踢腿、后踢腿和腿绕环。

（3）两腿交叉的各种跨步和转身动作，踢球、顶球、抢截球等多种技术动作的模仿练习。

（4）上体后仰轻轻振动跪压正脚背，全脚背着地进行俯卧撑练习。

（5）模仿脚内、外侧颠球动作，单、双腿连续做内翻和外翻练习，单腿连续做内转、外转动作，模仿内扣和外扣动作。

（6）模仿和结合球的大幅度铲球、倒钩射门、侧身踢凌空球以及大幅度侧摆腿等练习。

5．灵敏训练

足球运动员的灵敏素质非常重要，可通过一般练习和专门练习来发展。

三、格斗对抗项目

（一）格斗对抗项目的特点

1．竞技能力的结构特点

技战能主导类格斗对抗项目主要有击剑、柔道、摔跤、拳击、散打、跆拳道等。这些项目竞技能力的结构特点是鼓励主动进攻，绝对胜利的比例减少，相持能力（技术与体力）的作用加大，重视全面发展和突出绝招。同时，在双方激烈的格斗对抗中，必须以对手的身体为攻击目标，进攻取胜，并且还要注意保持自己身体重心的动态平衡，而迫使对方失去身体平衡。比赛中运动强度大，运动员几乎无喘息之机，中枢神经系统处于极度紧张和高度兴奋的状态。可见这类项目对运动员的运动素质要求很全面，特别是对力量、速度和灵敏素质有很高要求。因此，体能训练中必须注意加强运动素质的全面发展，并在此基础上重点加强专项运动素质的培养。

2．身体形态特点

技战能主导类格斗对抗项目要求运动员有较高的身高和较长的四肢，身高和体重保持恰当的比例。身高和四肢较长的击剑运动员可获得有利于接触攻击目标的优越条件。摔跤、柔道、跆拳道、散打和拳击运动员要求四肢较长，肌肉发达有力。

3．体能训练的共性特点

格斗对抗项目对全面发展的运动素质要求很高，良好的运动素质是创造优异成绩的基础。为了发展速度素质和身体各大系统的负荷能力，应多采用短距离（30米、50米、100米）冲刺跑来训练速度，采用中长距离（800米、1500米、

3000 米、5000 米）和越野跑来训练耐力。另外，还可用垫上技巧、篮球、足球等项目练习来训练灵敏，用轻杠铃和哑铃练习来发展力量。

发展专项运动素质主要根据各项目所要求的重点素质和技术特点进行安排。例如，拳击运动员为了适应步法和双臂带拳套的要求，把跳绳作为练习专项速度、耐力和灵巧的手段，而且要求摇绳柄的双手保持在腰际，用双手握 500 克的小金属棒进行长跑练习，使双臂负重练耐力；击剑运动员为了练好弓箭步，要采用多种手段增加腿的柔韧性和膝、踝关节的负荷力；摔跤运动员练习提抱"重布人"（50～100 千克）来增加专项力量，或用连续抢转杠铃片、立卧跳、推举、卧推、垫上 10 米往返跑、拉滑车和徒手背等综合练习，以发展近似搏斗比赛要求的专项耐力和速度素质。

（二）柔道运动员的体能训练

柔道项目不仅要求运动员必须具备清晰的头脑、吃苦耐劳的品质、顽强拼搏的精神和良好的心理品质，而且必须具备突出的最大力量、速度力量、反应速度、动作速度、较高的耐力水平和良好的柔韧与灵敏性。因此，柔道运动员的体能训练必须根据专项特点，采用专项技术练习和一般练习手段，重点加强最大力量、速度力量、反应速度、动作速度、专项耐力（柔道耐力训练的要求是以无氧耐力为主，有氧耐力为辅）和柔韧性、灵敏素质的训练，以促使体能训练取得最佳成效。

（三）男子（15～17 岁）拳击运动员的体能训练

1. 身体形态训练

身体形态与运动成绩有密切联系，拳击项目要求运动员具有较高的身高和较长的四肢，发达有力的肌肉，身高和体重保持恰当的比例。身高和四肢较长的运动员可获得有利于接触目标的优越条件。身体形态在一定程度上反映了运动员的生长发育水平、身体机能水平和竞技水平，对运动素质的发展有较大影响。身体形态训练的主要途径是运动素质训练和专项训练。

2. 身体机能训练

拳击涉及的机能指标有心率、血压、血红蛋白、肺活量、呼吸频率、最大摄氧量，肌纤维数量、长度、类型，视觉、听觉、平衡机能，以及高级神经活动类型等。

身体机能很多方面受遗传的影响。如血型、血红蛋白、红白肌纤维比例、神经类型等的遗传度较高。最大心率、最大摄氧量、血乳酸系统、ATP、ADP、CP、磷酸盐系统等也主要受遗传影响。最大心率的遗传系数高达 0.859，血型和血红蛋白也完全由遗传决定，最大摄氧量的遗传率为 93.6％。

良好的身体机能是达到高水平成绩的先决条件，身体机能的许多指标既受遗传影响，也受环境影响，同时又有变异性，因此必须采用系统、科学的方法提高身体机能。身体机能的训练主要通过体能训练、专项训练的途径来实现。

3．运动素质训练

应在青少年运动素质发展的敏感期进行强化训练如下。。

（1）一般素质训练如下。

①力量：拳击运动要求运动员具有很高的最大力量、快速力量和较好的力量耐力水平。例如，美国著名拳王穆罕默德·阿里击拳的最大力量超过 600 磅（1 磅≈453.6 千克），同时又具有突出的快速力量。发展力量可采用负轻杠铃进行中小强度快速平推练习，负中等杠铃进行多次数的快速平推练习，俯卧撑、指卧撑、卧推和对抗性练习，双手持重物（如实心球、沙袋）前抛和后抛练习，仰卧起坐、跳绳（单摇、双飞、收腹），各种跳跃（跳台阶、立定跳远等）练习等练习方。

②速度：拳击要求运动员必须具备突出的反应速度（特别是复杂反应速度）、动作速度和移动速度。世界级的优秀拳击运动员每秒可快速击拳 6～8 次。发展速度可采用各种短距离跑的基本练习（30 米、50 米、100 米），听、看信号的各种起跑和跑动游戏，听、看信号的简单反应和复杂反应练习；听、看信号的各种往返跑，各种短距离冲刺跑、变速跑、加速跑，跳绳跑和超等长跳跃练习，移动目标的各种活动性游戏等练习方法。

③耐力：发展非专项耐力水平可采用中长跑（1500 米跑、3000 米跑、越野跑、法特莱克跑），游泳，爬山，球类运动（规定时间），跳绳跑，连续跑台阶，滑冰，中长距离骑自行车等练习方法。

④柔韧：发展柔韧素质可采用伸展体操、肩颈练习、肘弯练习、胸部练习、腰髋练习、膝踝练习等方式。

⑤发展灵敏、协调素质可采用以下方法：应答性游戏、闪躲追逐性游戏；球

类游戏、对抗性游戏；花样跳绳、运动模仿操；听、看信号的各种练习；听、看信号的各种起动练习；有一定难度的各种变速、变向游戏；设有障碍物的各种游戏。

（2）专项素质训练。专项素质是提高运动成绩的重要因素之一，主要通过专项练习和与专项紧密结合的素质练习来发展。可采用以下方法进行训练。

①提高复杂反应速度的练习，如与专项结合的移动目标练习、选择性反应练习和实战训练。

②提高动作速度的练习，如快速出拳练习、组合进攻练习、组合防守练习、快速击打目标练习、快速击打沙袋练习。

③提高移动速度的练习，如向前后左右快速移动练习。

④提高速度力量（爆发力）的练习，如负重快速伸臂练习、负重快速拳击练习、负重快速防守练习、负重快速组合练习。

⑤提高防守动作爆发力的练习。

⑥提高防守能力的练习。

⑦提高抗击打能力的练习。

⑧提高步法移动灵活性的练习。

⑨提高手脚配合协调性的练习。

以上练习可采用徒手、持器械进行单人练习或双人对抗练习。

4．男子拳击运动员体能训练的要求

（1）在全面发展一般运动素质的基础上，大力进行专项素质训练，不断提高专项素质水平。

（2）力量训练的主要任务是发展全身大肌肉群的力量，并重点提高速度力量（特别是爆发力），同时也应注意发展小肌肉群的力量。力量训练应以动力性练习（主要是克制性练习，其次是退让性练习和超等长练习）为主，适当进行一般静力性练习。主要采用最大负荷的 $40\%\sim70\%$ 作为负重量，以中等负荷进行快速的多次数练习，并注意中小强度交替进行。

（3）在提高专项速度的训练中，要在巩固已获得的速度和频率的基础上，大力提高反应速度（特别是复杂反应速度）、动作速度、移动速度和快速起动速度。

（4）在积极发展和提高有氧耐力的同时，应逐步增加无氧耐力训练，并通过专项训练逐步提高专项耐力水平。

（5）训练时应有意识地培养和提高运动员的节奏感、灵敏性、协调性和专项柔韧性。

（6）本年龄段的运动员易出现骨骼损伤，特别是脊柱、髋关节损伤和对抗性练习导致的面部、上肢损伤，所以在素质训练时应严格要求动作质量。

（7）体能训练中应注意系统性、全面性，并与专项紧密结合进行练习。

（四）女子（15～19 岁）拳击运动员的体能训练

女子拳击运动员的体能训练包括身体形态训练、身体机能训练和运动素质训练。其训练内容、手段、方法和要求可参见男子（15～17 岁）拳击运动员体能训练部分。

女子拳击运动员体能训练时应注意以下几个问题。

1. 要针对女子生理特点进行力量训练

女子的骨骼比男子纤细，骨重量为男性的 60％ 左右，骨骼的抗断、抗压和抗弯能力均比男子差。这些特征决定了在力量项目上，女运动员很难与男运动员相比，因此在力量训练时应特别注重肩带、上肢、腹部和骨盆等薄弱环节的肌肉力量训练。

2. 要根据女子身体形态特点进行速度训练

女子身体形态与男子相比，四肢偏短，躯干相对偏长，重心低，身体各部分的围度相对较小。这些虽有利于平衡，但对速度和跳跃能力的提高不利。女子力量和爆发力相对较小，反应时较长，这也决定了女子在进行速度训练时应首先注意发展反应能力和快速力量，以保证反应速度和动作速度的提高。此外，女子下肢相对较短，可采用加快频率来弥补力量和步幅的不足，以发展移动速度。

3. 要兼顾女子生理特点进行耐力训练

女子的皮下和一些内脏器官中的脂肪含量较多，并且具有较强的动用体内储存脂肪作为能源的能力，因而有利于进行较长时间的耐力训练。女子月经期间不宜从事大强度、长时间的耐力训练，并应避免剧烈运动及其他外部刺激，但适量的运动是必要的。

4. 要考虑青春期特点进行灵敏训练

女子进入青春期，由于体重增加，有氧能力下降，内分泌系统发生变化，灵敏素质一度会出现明显的生理下降趋势。根据这一变化规律,在青春期以前就应加强女子的灵敏训练,使之较好地发展。

总之,探讨和研究各项目儿童青少年的体能训练,研究同群和异群项目的共有特点和普遍规律,可以打破固有运动项目的界线,进行跨项目的规律性探索。例如,投掷项目和举重项目的力量训练有许多共同之处,而所有中长距离的走、跑项目均与中长距离的游泳、自行车、划船、速度滑冰的体能训练有许多相似之处,这对于提高体能训练的效果、促进专项运动成绩和水平的提高均具有重要意义。

第七章　营养与恢复

第一节　营养素与体能训练

一、糖

从运动员训练后的营养补充内容看，糖类属于主要能量物质，运动过程中和运动后必须随时予以补充。糖是维持人体生命及运动能力的主要能源物质，体内糖类物质在有氧及无氧状态下，均能分解，产生出能量，供人体运动之用。糖是运动中最常用的也是必要的营养补充。补糖还有提高运动员自身免疫力的功效。研究发现，运动过程中和运动后补糖，能使血糖浓度保持正常水平，可起到稳定免疫系统功能的效应。作为消除疲劳必须补充的能量物质，糖的补充不仅可以恢复体内血糖浓度，及时恢复肌糖原的储量，还可以防治中枢神经疲劳。运动消耗的大量能量通过体内糖的补充，可以迅速恢复，从而使运动员保持大脑的清醒，并提高中枢神经机能。

二、蛋白质

蛋白质属于运动过程中的高消耗物质。身体部分能量消耗、各种器官系统及运动中受损肌肉的修复等，无一不与之有联系。人体骨骼肌中存在大量的不同种类的氨基酸，氨基酸对肌肉的生长发育和修复起到至关重要的作用。此外，在极限运动中，氨基酸还是主要的供能物质之一。

三、脂肪

脂肪是人体长时间运动的主要能量来源，但摄取过多会导致身体肥胖，影响人体参加运动。经常食用麦芽油可增加运动的耐久力，这是因为麦芽油含有亚油酸，它可以变成肌糖原储存起来，另外麦芽油中含有较多的维生素 E 和植物固醇。运动能促进脂肪代谢，脂肪在氧供应充足时，是人体长时间运动的主要能源。运动能降低血糖含量，减轻体重，特别是降低体内脂肪的比例。

四、水

一个运动员在训练或比赛的任何阶段，水都是其关键的营养因素。众所周知，当脱水现象严重时，甚至会危及生命。研究表明，当失水占体重2％时会降低调节体温的能力，但该失水量对运动能力似乎无重大影响；然而，当失水占体重3％时，就可降低肌肉收缩的持续时间；当失水占体重4％时，体力可受到相当程度的影响；当失水达6％时，甚至会产生危及生命的并发症。

五、维生素

维生素对促进健康和取得优异的运动成绩有积极的作用。但许多人错误地认为，过多地摄取维生素是无害的。其实并非如此，脂溶性维生素A、D、E、K具有蓄积性，摄取过量就会在体内蓄积过多而出现毒性作用。水溶性维生素在体内不易储存，当摄取量超过机体需要量时，多余的通常会随尿排出。

六、矿物质

丰富多样的平衡膳食是矿物质既充足又安全的来源。一般来说，增补矿物质并不能增强体力。钙的重要生理功能包括以下几个方面：调节肌肉的收缩和舒张；维持神经冲动的传递；参与凝血过程；与许多激素的分泌和激素释放因子有关。氯和钠的主要来源是食盐。运动员运动时大量出汗，盐分丢失较多，缺盐时会软弱无力，容易疲劳，严重时会出现肌肉痉挛、恶心、头痛等。钾存在于细胞内，起着维持细胞内适宜的渗透压、酸碱平衡和营养素出入细胞的转移等作用，并且参与糖原和蛋白质代谢，维持细胞内某些酶的活性。

第二节　特殊环境训练与营养

一、高原环境

高原有着特殊的自然环境，其特点是低压、低氧、气候干燥寒冷、风速大、太阳辐射和紫外线照射量明显增大。在高原环境下，随着海拔的升高，空气中的氧分压不断降低。人如果长期处在这种缺氧环境中，严重者可出现低氧血症。人的神经组织对内外环境变化最为敏感，因此在缺氧条件下，脑功能损害发生得最早，损害程度也比较严重，且暴露时间越长，损害越严重，特别是对感觉、记忆、思维和注意力等认知功能的影响最为显著而持久。高原的特殊环境特点对机体的生理及心理活动影响是明显的。对抗缺氧的最好办法是供氧，例如，初次进入高原的人应配备简易的便携式供氧装置，这样有助于将缺氧所致的认知功能下降等风险降低到最低程度。人对缺氧有一个适应过程，一般需要 1～3 个月的时间，因此在首次进入高原之前，最好有计划地、间歇性地暴露于不同高度的环境中，使机体有足够的时间对环境变化进行代偿，以此减轻和消除由于缺氧所引起的各种症状。

（一）糖类和脂类

运动员进行高原训练时既要克服缺氧刺激，又要克服能量的大量消耗。为了防止因能量物质的大量消耗而引起的疲劳过度积累，人体要及时地补充一些耗氧少且能及时供给能量的糖类物质。高原训练应采用低脂膳食，可给运动员添加一些运动补剂加速体内脂肪的氧化，如丙酮酸、草酰乙酸、肉碱等。

（二）蛋白质

补充蛋白质的方式有很多种，可以选择优质蛋白、游离氨基酸、蛋白质水解产物、支链氨基酸等，通过补给可以起到有效促进肌肉合成、强化肝功能、减轻骨骼肌疲劳等作用。激烈运动中肌蛋白处于分解状态，运动前补充蛋白质可抑制肌蛋白分解，对中枢神经系统有一定的影响，有防止中枢神经疲劳的作用。

（三）水

高原空气干燥，日照较强，运动员呼吸次数增加，通气量加大将使机体水分丧失严重。运动员在高原地区体液的丧失要比平原严重得多，因此机体容易产生脱水。高原训练时，运动员除及时补充因运动出汗导致体液丢失的水分外，还应每天至少比在平原训练时多补充 1 升以上的水，以保证机体每日尿量为 1.0～1.5 升来排泄代谢废物。每天的补水量一般应为 3～4 升。补水时，应采取"少量多次"的原则，每次补水量应为 100～150 毫升。

（四）矿物质

在高原训练期间，运动员造血功能明显增加，红细胞增生，血红蛋白增加。

因此，在高原训练期间，机体内铁的储量及铁的补充和吸收，对提高血红蛋白浓度、增加血氧含量具有重要的意义。一般每天补铁量为 20～25 毫克。特别是女运动员在月经期及月经后 7 天内，每天服铁剂量应适当增加，同时辅以维生素 B 和维生素 C，帮助铁的吸收。铜是各种生物所必需的微量元素之一。没有铜，铁就不能进入血红蛋白分子，所以即使铁充足，缺少铜同样会导致贫血。锌为 200 余种金属酶的组成成分，对运动员的机能状态和运动能力有多方面影响。适量补锌可抑制机体自由基的产生并加强自由基的清除，恢复部分受损免疫细胞的功能，刺激激素的合成代谢。钾、钠、镁等矿物质有助于提高机体承受高强度、大运动量的训练，还可以预防长时间高强度运动可能引起的痉挛。

（五）维生素

中长跑运动员高原训练期间运动量大、运动时间长、新陈代谢旺盛，因此维生素的消耗量会相应增大。在高原训练期间，补充维生素不仅能提高抗缺氧耐力，而且能改善高级神经活动功能，减轻疲劳，提高运动耐力和机体的免疫能力，使运动员在最佳的运动状态下参加训练和比赛。

二、高温环境

高温环境是一个大家非常熟悉的特殊环境之一，其主要特点是日辐射强，雨水多，湿度大。运动训练时，剧烈的肌肉活动使机体产热增加，而机体内散热的效率下降，导致体温升高。同时，垂体－肾上腺系统的紧张反应使体内环境的稳定发生变化，并相应产生生理反应和营养需求的改变。因此，在高温环境条件下，必须合理安排运动训练时的营养，这有助于提高运动训练者的适应能力、运动能力和健康水平。

（一）要保持热量平衡

高温环境下，能量的消耗除了运动消耗外，还受高温环境的影响。在 30℃～40℃的高温环境下，温度每升高 1℃，能量消耗就增加 5%；在高温条件下进行运动训练，机体对能量的需求量可增加 10%～40%。但考虑到高温条件下食欲和消化功能有所减弱，摄入较多的食物以增加能量供应有一定的难度，所以推荐以增加 10%左右的能量为宜。

（二）合理的热源质比例

应根据高温环境条件和运动项目的特点，对糖、脂肪和蛋白质的摄入量相应地做适当调整。由于高温环境下耗能大，产、散热多，因而提倡高糖、中脂、低蛋白的食谱。因为糖的代谢终产物为水和二氧化碳，有利于排出人体，而蛋白质的代谢终产物为酸性物质，增加了内环境的酸度，使机体容易疲倦，但又必须保持充足的能量，所以要进食一定的脂肪，以释放较高的能量来保证充足的能量供应。

（三）合理的膳食制度

高温环境下人的食欲减弱，所以要求运动后 45 分钟以后才开始进餐。一般情况下，早上的气温较低且未进行大运动量训练，因而要培养早餐"多食"和"食好"的习惯，并且在晚上增加适当的夜餐，使消耗的能量得到适当的补充。

（四）高温环境下的饮水卫生

（1）补水量。高温环境下失水多，补水量应适当增加，一般为发汗量的 80%，以暂时满足口渴感为限，不宜过少或过多。

（2）补水方法。运动前 30～60 分钟，饮水 100～200 毫升；运动时间每增加 20～30 分钟，饮水 150～200 毫升；运动后每增加 15～20 分钟，饮水 200～250 毫升。一般运动总时间少于 35 分钟时，不提倡运动中补水。

（3）饮品成分。以水为主的含糖饮料，其中应含有电解质和维生素 C，糖和电解质的含量不宜过高，一般在 2.5 克/100 毫升左右，运动后可适当进食碱性食物，如碱性水果。

（4）水温。水温以 8℃～14℃ 为宜，因为这种温度的水通过胃的时间最短。切忌饮用长时间冷冻的低温饮品。

三、低温环境

低温环境是运动员经常遇到的一种外界环境。如在冬季进行室外运动训练与比赛、在低温水中的游泳训练与比赛。在低温环境中进行运动训练或比赛，会给机体带来一些不利的影响。

（一）低温环境对运动员身体功能的影响

1. 低温环境对体温的影响

人体处于低温环境中，势必会加大人体能量的消耗，从而出现体温下降，代谢、呼吸和循环功能障碍，严重时会引起死亡。在低温环境中进行长时间运动会导致身体热量过度散发，超过机体对体温的调节控制能力，引起过低体温。但是，环境温度并不是低体温的绝对原因，低温环境下的体温调节还与环境的其他因素有关。

2. 低温环境对机体代谢的影响

低温环境可使交感神经系统兴奋，血液中的儿茶酚胺浓度升高，引起肢端末梢血管和皮肤血管的收缩，心率加快，心排血量增加，造成碳水化合物利用率大幅度增加，同时伴有中度的脂肪氧化作用。低温环境下低运动量时心率较温暖环境低，而氧耗量明显增加。当皮肤和直肠温度均下降时，会消耗脂肪。中度活动量时肌糖原的利用明显下降而氧耗量不会进一步发生变化。低体温可反射性地引起人体内物质代谢过程加强，增加氧耗。穿着湿衣服在有风的天气中进行极限强度的运动时的耗氧量，要比在舒适的环境中进行同样强度运动的耗氧量高数倍。

3. 低温环境对骨骼肌功能的影响

低温环境对骨骼肌功能的影响主要表现在两方面：一是低温环境可促使骨骼肌代谢加强。有学者报告，低温环境下，动物快肌纤维和慢肌纤维线粒体中，琥珀酸脱氢酶和细胞色素氧化酶的活性明显升高，这表明低温环境易引起骨骼肌有氧氧化和能量代谢的加快，以增加热量的产生，维持体温。同时，慢肌纤维的肌纤维数量在暴露于低温环境一定时间后也增加，从而进一步说明这是低温环境促进骨骼肌有氧代谢，增强适应性变化的结果。二是低温环境可影响外周神经系统，造成皮肤和肢端感觉性下降，骨骼肌的协调能力减弱，关节的灵活性也减弱，容易发生肌肉和肌腱撕裂、抽筋等运动性损伤。

（二）营养措施

低温环境下人体对维生素的需求量增加，与温带地区相比较，增加量为$30\%\sim35\%$。随着低温环境下能量消耗的增加，与能量代谢有关的维生素 B_1、维生素 B_2 及烟酸都需要增加，烟酸、维生素 B_6 及泛酸对机体也有一定的保护作用。

（1）供给充足的能量。低温环境下对能量的需求应比同一人群常温下增加$10\%\sim15\%$。蛋白质、脂肪、碳水化合物的供能比分别为总能量的 $13\%\sim15\%$、$35\%\sim40\%$、$45\%\sim50\%$。其中脂肪供能比显著高于非低温地区。

（2）保证蛋白质的供给。在膳食安排时，应特别注意鱼类、肉类、蛋类、豆类及其制品的供应。同时还可适当选择含高蛋白、高脂肪的坚果类（核桃仁、花生仁等）食品。

（3）提供富含维生素 C、胡萝卜素和无机盐钙、钾等的新鲜蔬菜和水果，适当补充维生素 C、维生素 B1、维生素 B2、维生素 A 和烟酸等。对于低温环境工作人群，推荐摄入量比常温环境同工种增加 30%～50%。

（4）低温地区每日每人食盐的推荐摄入量为 15～20 克，高于非低温地区。

第三节　训练后的恢复与营养

运动员训练后的恢复主要依靠运动量的调整、理疗、按摩等。合理的营养膳食是运动员取胜的重要因素之一，是运动员健康和运动能力的保证。营养与运动员的训练、机能状态、体力适应、恢复过程以及运动性疾病有着密切的关系。教练员了解一些运动员关于营养的基本知识是非常必要的。

一、恢复措施

（一）整理活动

整理活动是消除疲劳、促进体力恢复的一种有效措施。进行放松练习，能使人更好地由紧张的运动状态过渡到安静状态。运动后内脏器官还得继续高水平的工作，以补充运动时缺少的氧，如果不做整理活动，而突然停止，身体的静止姿势会妨碍强烈的呼吸，影响氧的补充；同时因为影响了静脉回流，心排血量骤然减少，血压急剧下降，会造成暂时的脑贫血，产生一系列的不舒适感，甚至出现重力性休克。整理活动能促进肌肉放松，消除乳酸堆积，所以它是非常重要的。体育运动的整理活动以呼吸体操和伸展练习为主，可消除肌肉痉挛、减轻肌肉酸痛和僵硬程度，对预防运动损伤的发生也有良好效果。

（二）物理疗法

1. 水浴

温水浴是简单易行的消除疲劳的方法，可促进体内营养物质的运输和机体代谢废物的排出。温水浴的水温为 42℃ 左右，时间为 10～15 分钟。

桑拿浴有镇静和使肌肉、组织、关节充血的作用，还可大量排汗。具体做法是在 60℃～80℃ 环境中，停留 10～20 分钟。

2．按摩

按摩是消除疲劳的重要手段，可分为人工按摩、机械按摩、水力按摩和气压按摩。按摩一般在训练后进行，按摩部位应根据项目特点和疲劳情况而定。在进行肌肉人工按摩时，应以揉捏为主，适当配合搓、抖、扣打和踩法。先按摩大肌肉，再按摩小肌肉，一侧按摩后，再按摩另一侧。臀部、大腿后侧等肌肉丰厚的部位，可重按压。在环跳、足三里、三阴交等处点穴，有助于减轻肌肉的酸痛反应。

3．睡眠

睡眠能消除疲劳，促进体力恢复。睡眠时大脑皮层兴奋降低，体内代谢较低而合成较高，有利于能量的积蓄。

4．营养和药物

运动时所消耗的物质要靠饮食中的营养物质来补充，安排好膳食有助于训练后的恢复。在体育运动训练之后，身体消耗较大，应及时补充糖和蛋白质、无机盐和维生素。中草药、营养补剂等有调节中枢神经系统的功能。

5．心理恢复

对于心理疲劳，应采取一些措施调节大脑皮层的机能从而达到消除疲劳的目的，如气功、意念疗法、放松练习、欣赏舒缓的音乐、练习瑜伽等。

二、营养措施

（一）一般营养措施

1．水和电解质的补充

补液主要指水和电解质的补充。在训练和比赛时，由于体温的升高，过量的排汗，引起脱水及体内电解质（主要有钠、钾、钙、镁等离子）的丢失，从而造成血容量减少，心脏负担加重。电解质的丢失会影响细胞膜电位，使神经兴奋传递出现障碍，从而使运动员的运动能力下降。因此运动员必须采取合理的方法及时补液。补液主要选用含糖和电解质的等渗饮料，以少量多次为好，一般运动前补充 400～500 毫升，比赛暂停时可补液 150～300 毫升，运动后补液也要少量多次，以免造成胃部不适。

2．糖的补充

糖代谢具有耗氧量小、供能效率高等特点，是运动中有氧、无氧供能的主要能源物质，也是大脑的主要能源能质。糖摄入不足不仅会严重影响运动员的训练质量和运动能力，同时会影响其他物质的正常代谢。糖在人体内主要以肝糖原、肌糖原的形式存在。人体血液中血糖浓度必须保持一定的水平，若血糖浓度下降就会引起中枢疲劳。因此，必须高度重视运动员体内糖原的储备与运动后的恢复，以便保证运动员长时间运动的能力。有研究表明，赛前适当补充含糖饮料能够有效节省肌糖原消耗，推迟疲劳发生的时间，提高运动能力。

3. 碱性物质的补充

安静时，人体血液正常 pH 为 7.35～7.45。在运动员大负荷运动后，由于乳酸等代谢产物的堆积的原因，导致血液 pH 下降，机体内环境平衡遭到破坏，糖酵解中的磷酸果糖激酶活性被抑制，使糖代谢供能过程减慢，影响运动员机体功能。所以运动员必须及时适量补充碱性盐来中和酸性物质，促使机体内环境的平衡，从而有效地消除疲劳，恢复体能。

4. 抗氧化剂的补充

适量补充抗氧化物质有利于减轻疲劳，增强耐力，防止运动损伤和炎症。目前大量的研究表明，运动员在长期大负荷运动时，体内会产生大量的氧自由基，会使细胞膜的脂质过氧化反应加强，破坏细胞膜的通透性，从而导致运动员的运动能力下降。因此运动员在训练期间应对抗自由基类运动营养补充品的使用引起足够的重视。补充抗氧化剂以对抗运动中生成的大量自由基是延缓运动性疲劳的发生、促进运动后疲劳的消除和身体机能的恢复的重要手段之一。

（二）特殊营养补剂

1. 乳清蛋白

乳清蛋白是从牛奶中提取出来的蛋白质，是一种优质高效的蛋白，可以为大多数运动员所选用——既包括举重、柔道、摔跤等力量型项目运动员，也包括马拉松、长跑等耐力型项目运动员，同时足球、游泳、自行车等体能型项目运动员也可选用。

2. 螺旋藻

螺旋藻是地球上最古老的微生物之一，是天然食物中蛋白含量最丰富的。螺旋藻不仅能提供优质的高蛋白，还能提供机体所必需的脂肪酸。此外，螺旋藻还具有造血功能。耐力性项目（如竞走、长跑等）运动员，由于运动时间比较长，往往机体红细胞被破坏较多，补充螺旋藻对血红蛋白的合成有帮助，对机体疲劳恢复非常有效。

3. 牛磺酸

牛磺酸广泛分布于动物组织细胞内，在鱼类和贝类中含量十分丰富。补充牛磺酸能使机体丙二醛含量显著降低，阻止超氧化物歧化酶、谷胱甘肽的下降，从而有效地抑制脂质过氧化，保护细胞膜，提高机体的抗氧化能力。

4. 谷氨酰胺

谷氨酰胺是免疫系统必需的代谢基质。运动时机体代谢速率增加，谷氨酰胺消耗增多，导致机体免疫球蛋白合成减少，巨噬细胞吞噬力下降。尤其是当运动员过度训练时，血浆中谷氨酰胺含量大幅降低，会造成肌肉蛋白质合成减少、机体免疫功能低下。因此，补充谷氨酰胺对提高机体免疫力是有帮助的。

第八章　体能训练健康教育

体能训练健康教育是健康教育的重要组成部分。其主要任务是研究和探索体能训练中影响身心健康的各种外界因素，把体能训练与健康教育融为一体，合理地安排运动负荷，制定相应的预防疾病、保护健康的措施，以达到增强体质、增进健康、提高运动能力的效果；采用科学锻炼的方法，预防和处理运动过程中出现的突发运动损伤，指导人们进行科学的体能训练和健身锻炼。

第一节　体能训练卫生常识

卫生保健是预防或防止运动损伤和疾病的措施和手段。我国颁布的《大学生体育合格标准》明确指出："鼓励学生经常锻炼，不断增强体质，提高自我保健能力和健康水平。"其强调的是持之以恒地坚持健身锻炼，做健康的主人；追求的是运动健身与健康教育并进，形成科学、健康的体育生活方式。为此，体能训练必须遵循人体生理变化的规律，符合运动卫生保健的要求，才能有效地增强体质、增进健康，防止运动损伤和运动疾病的发生。

一、体能训练的医务监督

医务监督是用医学的理论、内容和方法，预防运动性伤病，帮助和指导练习者进行科学的体能训练，提高运动训练水平的措施。各种医务监督都有其特定的内容和工作意义。自我监督是医务监督之一，是练习者在体能训练中，对自身生理机能和健康状况等进行客观评定的一种方法。人们应通过自我医务监督了解自己在运动过程中生理机能的变化，预防过度疲劳，调整练习计划和运动负荷，为合理地安排体能训练内容提供依据。体能训练的自我医务监督包括主观感觉和客观检查。

（一）主观感觉

主观感觉也叫自我感觉，是指运动对人体引起的反应或发生的某种感觉。如运动情绪、不良感觉、睡眠和食欲等方面的变化，能够直接地反映出机体的活动状况和机能的变化状况。然而，人体状况因运动强度不同，运动后每个人的感觉不同而异。通常主观感觉可分为感觉良好、感觉一般、感觉不良三种情况。

1. 感觉良好

感觉良好主观上表现为：愿意参加体能训练，对从事的运动有着浓厚的兴趣，运动中心情舒畅，精力充沛，有愉快感。身体状况无不适感觉，无心慌气喘。每次运动开始时可能有轻微的疲劳感或惰性，但很快在短时间内就能恢复正常。食欲良好，饮食增加。睡眠改善，入睡快，睡得实，睡梦少，清晨感觉精神爽快，全身舒适有力。

2. 感觉不良

感觉不良主要表现为：运动过程中精神萎靡不振，身体疲倦，肌肉酸痛，四肢无力，心情烦躁，容易激动，对运动不感兴趣乃至厌烦，或者出现上述症状加重，不能坚持练习。较重者可能会头昏头痛、食欲减退、恶心呕吐、心慌气喘、失眠多梦或嗜睡。

3. 感觉一般

感觉一般是介于良好与不良之间的感觉，即训练前后无明显的感觉变化。对于适宜的练习量自我感觉良好。如果出现不良反应，可能是运动时间过长或过于紧张剧烈，以及运动量过大所致；也可能是机体内不适应运动的损伤和疾病所致。发生类似情况应到医院检查诊断，并在医生指导下调整运动量。

（二）客观检查

客观检查是运用医学的指标，查看机体对运动量的反应情况而进行的一种检查方法。运动会使人体产生许多变化，要及时了解自己的身体状况和机能状态，除自我感觉外，还需要进行一些简便、易操作的指标检查。这为科学训练、预防伤病、提高练习水平等提供了必要的依据，可对保障和推动体能训练起积极作用。

1. 脉搏

当心脏收缩时，由于输出血的冲击引起的动脉的跳动，称为脉搏。脉搏是一个直观而非常有效的指标，多用于观察机体对运动量的反应情况。如每天对自己的晨脉进行测量，可以直接了解运动量对机体的影响。一般运动量适中，身体状况良好时，晨脉的节律比较整齐，变化每分钟不超过 4 次；如果身体机能状况较差，运动量又不当时，晨脉每分钟要比前日增多 6 次以上；如果脉搏持续上升或长期不能恢复到正常值范围，则说明练习量过大，出现心律不齐现象时，应到医院做心电图检查。

2．体重

体重是反映人体骨骼、肌肉、皮下脂肪及内脏器官重量状况和综合变化的指标，在较大程度上能说明营养状况和肌肉发育程度。体重通常受年龄、性别、身高、季节、生活条件、身体锻炼、疾病等因素的影响。正常的体重对于参加运动的练习者非常重要，过重会影响运动能力，过轻则影响机体正常功能。一般的练习者可每周测量一次体重，以了解自己身体变化的情况。由于体重在一天内会有变化，因此测量体重的时间应相对一致。当运动适量时，一般不会引起体重下降或下降小于 1 千克；当运动量较大时，可发生暂时性体重下降 1～3 千克，但休息 1～2 天即可恢复到原来水平，这是正常现象。反之，如果出现体重持续下降，则可能是运动量过大导致疲劳过度或患有结核病，以及营养不良的表现，需要接受医生的检查。

3．排汗

一个人排汗量的多少与运动量的大小、练习程度、练习水平、气温、湿度、饮水量以及神经系统的机能状态等有密切的联系。例如，在相同的运动条件下，初练者或不经常参加运动的人排汗量较多，但经过一段时间的持续运动，练习水平提高后，排汗量可相应减少；反之，在相同的运动条件下，排汗量比过去明显增多，并伴随夜间出现盗汗，则可能是身体极度疲劳或患有疾病的表现，需要接受医生的检查。

二、体能训练的运动卫生

体能训练需要遵循人体生理活动规律和一定的运动卫生要求，才能收到良好的练习效果。从增强体质、增进健康的意义上来讲，运动卫生是体能训练的首要问题。正确认识和处理运动中的生理反应，可以克服运动中的盲目性、随意性和危害性，使体能训练在安全、合理、有效的前提下进行。

（一）准备活动和整理活动

人体运动的过程始终是由静态到动态再到静态的变化过程，准备活动和整理活动就是实现这种变化过程的过渡手段。

1. 运动前的准备活动

准备活动，也叫热身活动，是在人体运动前进行的一系列身体活动。它是克服人体生理惰性，使机体和运动器官在刺激的作用下产生应激的反应，使人体从相对安静状态逐渐地进入工作状态，以适应人体运动的需要。

（1）准备活动的作用有以下几点：一是克服机体的生理惰性。人体的各器官都具有一定的惰性，相对而言，运动器官的发动要快一些，而内脏器官则需三四十分钟的动员才能进入工作状态。运动前做好准备活动，能够提高心血管系统和呼吸系统的机能活动，延迟运动极点的出现和缩短进入工作状态的时间，使机体逐步地适应剧烈运动的需要。二是提高氧利用率。准备活动可使体温升高，增强肌肉组织的新陈代谢功能，进而提高氧的利用率，为人体进入运动状态提供良好的物质基础。三是调节运动情绪。节奏快、强度大的热身活动，可以迅速地提高中枢神经系统的兴奋性；而节奏慢、强度小的热身活动，可降低其过高的兴奋性。因此，做准备活动时应根据运动项目的特点和练习对象的特征进行适当调控，使人的大脑皮质处于适宜的运动（兴奋）状态。四是预防运动损伤。热身活动能加强肌肉、肌腱、韧带的伸展性和弹性，加大关节的活动范围和动作幅度，使关节滑膜液分泌增多，从而避免或减少运动损伤事故的发生。

（2）准备活动的要求。通常准备活动有两种形式：一种是一般性准备活动的身体练习（如跑步、徒手操、活动肢体各关节等）；另一种是专项准备活动的身体练习（如长跑前先慢跑一段，游泳前先在陆地上练习划臂、蹬腿、呼吸，打篮球前先做投篮、传球、运球等练习）。准备活动的运动量和持续时间应根据运动项目、内容、气候条件和练习者的身体状况等来进行。一般以身体发热或微微出汗为宜，心率为130～150次/分，自我感觉灵活、舒适即可。

2. 运动后的整理活动

整理活动，也叫放松活动，是在人体运动之后进行的一系列身体练习。它是用以调整和恢复人体活动能力的一种有效手段。整理活动包括一些呼吸运动和较缓慢的全身活动。运动后的放松活动，可使人体由紧张的运动状态过渡到相对安静状态，工作能力得到较快的恢复。

（1）整理活动的作用有以下几点：一是有助于体能尽快恢复。由于运动引起的一系列生理、心理变化需要有一个逐步恢复的过程，整理活动可加速这一过程的进行。二是有助于偿还"氧债"。整理活动是一个轻松、欢快、柔和的活动过程，有助于肌肉血液流通，排出二氧化碳，消除代谢产物，恢复血压正常，可达到偿还"氧债"、减轻肌肉酸痛、消除疲劳的效果。

（2）整理活动的要求。整理活动的强度不宜过大，应尽量使全身放松，练习动作轻松、柔和、缓慢，活动量逐渐减小，节奏逐渐放慢，使得呼吸频率和心率渐趋下降和恢复。如在长跑到达终点后，应再慢跑一段，或边走边做深呼吸运动或放松做伸展操。若在紧张剧烈的运动后，则需要进行全身放松活动，尽量使肌肉主动放松，以免身体受到损伤。整理活动之后，应注意身体保暖，以预防因受凉引起的感冒。

（二）体能训练的饮食卫生

良好的饮食卫生有利于食物的消化吸收，预防饮食紊乱引起的消化系统的疾病，促进身体机能的提高。饮食卫生是练习者保证身体健康和运动能力而共同遵守的一种饮食制度。这种饮食制度包括进食的时间和膳食的分配等。不讲究饮食卫生，不重视饮食平衡，不按时进餐或暴饮暴食，是引发运动性疾病的主要原因。

1. 饭后不宜剧烈运动

有些练习者刚吃过饭就急于进行一些剧烈的身体运动，这是不符合饮食卫生要求的。因为饭后短时间内，胃内食物充盈，胃肠道已开始紧张的工作，毛细血管开放，大量血液流入消化器官。此时若进行剧烈的运动，大量的血液就会从胃肠道流进骨骼肌，使消化机能减弱，不仅会影响食物的消化，还容易引起腹痛、恶心、呼吸不畅等症状。长此下去将会导致消化不良、胃炎、胃溃疡等慢性疾病。因此，饭后不宜进行剧烈运动。建议进餐后间隔 60～90 分钟后再进行剧烈运动。

2. 运动后不宜立即进餐

练习者刚结束运动就急于吃饭，是不符合饮食卫生要求的。因为人体在运动时大量血液流入运动器官，胃肠的血液流量相对减少，胃液的分泌变少，消化系统功能处于相对的抑制状态，若运动后立即进餐，势必会影响到食物的消化和吸收，长此以往会造成消化不良或消化道等疾病。因此，运动后应进行适当的休息后方可进餐，建议运动后休息 30 分钟后再进餐。

3. 运动饮水卫生

人体在运动时不仅消耗大量的热能，同时也会失去大量的水分。机体内水分的减少，会影响到正常的生理机能和运动能力。因此，练习者应及时和适量地补充体内丧失的水分，以保持机体正常的运转。在夏季进行长时间运动中，由于出汗多，更需要补充水分，不然会造成机体严重缺水，影响正常生理机能活动，导致全身无力、口唇发干、精神不振和疲劳等现象。但在剧烈运动中或运动后，不宜一次引水过多。因为大量饮水，会使胃部膨胀，妨碍膈肌的活动，影响呼吸，不利于运动。同时大量饮水会使血液量增多，增加心脏、肾脏的负担，有碍健康。若大量饮水后继续运动，水在胃中晃动，很不舒服，可能会引起呕吐。因此，运动时的饮水应以少量、多次为原则，以保持体内水分的平衡。建议每次喝水量为 150～200 毫升，每次补水的间隔时间为 15～20 分钟。

（三）体能训练服装的卫生

运动训练装备能保护人体免受外界环境的各种不良影响。舒适的运动服装有利于人体健康；舒适的运动衣、运动鞋、运动袜、运动帽等，既便于运动，又能预防运动损伤的发生。

1. 运动服的卫生

一般用于运动的服装（运动服）应以舒适、宽松、合体为主，并具有保温性、透气性、吸气性、溶水性的性能和卫生作用。在温暖天气时，应穿 T 恤衫、背心、短裤等；在天气凉爽时，应根据个人的状况添加衣服，可以穿运动服、作训服等；在天气寒冷时，可以穿滑雪衣、加厚运动服、毛衣，还可以佩戴手套和护耳套等。对于经常参加运动的人来说，要勤洗勤换运动衣裤，尤其是内衣裤，以免汗液和细菌污染，影响身体健康。在运动期间，绝不能穿橡胶衣服和塑料衣服，因为穿着这些衣服会因出汗量过大的原因导致脱水以及体温增高，会严重危害人体健康。

2. 运动鞋的卫生

一般用于运动的鞋（运动鞋）应该合脚、轻便、柔软、鞋底多层，有合理的弓形、鞋跟牢靠，并具有良好的透气性，富有弹性。许多与跑步、跳跃有关的损伤可以通过穿合适的鞋、袜得到预防（如趾甲发黑、水泡、足部疲劳性骨折、踝部扭伤和骨折等）。因此，选择一双合适的运动鞋应以合脚为原则，不要穿硬底鞋、非运动鞋从事运动；其次运动袜要透气、吸汗，且干净、柔软、有弹性。总之，舒适的运动鞋袜有助于避免或减少运动中常见的损伤，同时还能使运动充满乐趣，满足运动的需要。

3．其他运动装备的卫生

在户外运动遇到太阳光很强的时候，最好戴上太阳帽（运动帽）或佩戴太阳镜，以遮挡太阳光对头、面部的直接照射。这样既有利于运动，又能预防运动中暑现象的发生。

三、女子运动卫生

女子的心理、生理特征不同于男性，因此，在进行体能训练时应注意女子的卫生要求，在运动项目的选择上和运动量的控制上以及运动成绩的评定标准等方面也应区别于男性。另外要经常注意加强对肩带肌、背肌、腹肌和盆骨底肌的练习，使身体各部位肌群得到协调、均衡的发展，以达到全面增进女性运动身心健康的目的。

（一）对女子运动卫生的一般要求

女子在青春期，骨盆尚未发育完全，因而不要过多地进行负担量过大的练习或做过量的负重练习。最好避免一些采用剧烈震动和引起腹内压升高的身体练习，如从高处跳下、举重和憋气的练习等。青春期后期可多从事一些增强腰背肌、腹肌、盆底肌肉的练习和增强上肢力量的练习。女子循环系统和呼吸系统机能相对较差，因此在体能练习中，要掌控好适宜的运动量。若运动量过大，不利于女子的身心健康发展，而运动量过小又达不到身体练习的效果。因此，在运动中要遵循因人制宜的练习原则，从女子的身体状况的实际出发，制订适合她们的运动训练计划和合理的练习方法，并适当地降低体能测验和考核的评分标准。注意培养女子参与体能练习的自觉性，通过运动克服和改善身体上的弱点，努力提高其力量、耐力等身体素质，使之终身受益。

（二）女子月经期的运动卫生

月经是女子正常的生理现象。身体健康、月经正常的女子，在月经期间一般不会出现明显的生理机能变化。因此，在月经期无须完全停止身体练习，可以参加适量的身体活动，如慢跑步、做徒手操、打太极拳等。这些活动不仅可以改善盆腔的血液循环，减少盆腔充血的现象，而且运动对子宫有柔和的按摩作用，有利于经血的排出。但月经期要适当地减小运动量、缩短运动时间，不宜做耐力、跳跃、力量以及剧烈收腹的身体练习。针对女子在月经期内心理、生理特征进行体能练习时应注意以下几点。

第一，月经期间不宜游泳，因为经期子宫口开放，子宫内膜破裂出血，游泳时病菌易侵入内生殖器，引起炎症性病变。

第二，月经期间应避免寒冷刺激，如下腹部受凉、冷水浴、喝冰水、吃冰冷饮等，以免发生痛经、闭经或月经淋漓不净等变化。

第三，若遇月经期间有明显的全身不适，如月经紊乱、痛经以及其他疾病等，应暂时停止运动。

第二节　体能训练常见的生理反应与处置

由于体能训练使人体生理活动过程的有序性受到暂时破坏，因而常常会出现一些生理上的变化反应。这种现象是一种正常的运动生理反应，无须惊慌失措。

下面简略介绍一些运动中常见的生理反应与处置的方法。

一、肌肉酸痛

（一）原因与症状

运动后的肌肉酸痛现象是运动时肌肉活动量大，引起肌纤维及结缔组织的细微损伤，以及部分肌纤维的痉挛所致。通常在一次活动量较大的运动以后，或间隔一段时间恢复练习之后，会出现肌肉酸痛。由于这种酸痛一般发生在各种运动练习结束1～2天，所以被称为延迟性肌肉酸痛。然而，这种酸痛现象仅仅是局部纤维的轻度损伤和痉挛，并不会影响整个肌肉群的运动功能，所以仍可以继续坚持练习。酸痛后的肌肉经过肌肉内部对细微损伤的修复和维护，肌肉组织会变得更加强壮，收缩更加有力。

（二）处置与预防

1. 处置

运动后当肌肉出现酸痛时，可采用以下几种处置方法来减轻和缓解。

（1）热敷。对酸痛部位进行热敷，可以促进血液循环及代谢过程，有助于损伤组织的修复和肌肉痉挛的缓解。

（2）按摩。按摩可以放松肌肉，促进血液循环，消除疲劳，缓解局部肌肉痉挛和局部损伤的修复。

（3）伸展练习。对酸痛部位进行静力牵拉练习，保持和持续伸展状态 1～2 分钟，重复次数 2～3 组，以缓解身体肌肉痉挛的症状。

（4）口服维生素 C。维生素 C 可以促进人体结缔组织的胶原合成，有助于损伤的结缔组织的修复。

（5）针灸、电疗。针灸、电疗等治疗方法，有助于酸痛肌肉的恢复和缓解。

2．预防

通常预防肌肉酸痛的方法有以下几种。

（1）练习者根据自身的体能状况合理地安排运动负荷，尽量避免长时间集中练习身体的某一部位，以免局部肌肉负担过重。

（2）练习前应充分做好准备活动，以预防肌肉拉伤；练习后要进行放松活动，以消除运动疲劳。

（3）水浴、按摩、理疗、睡眠等，都是练习后用于调节、缓解、修复身体机能的辅助方法。

二、肌肉痉挛

（一）原因和症状

肌肉痉挛，俗称"抽筋"，是肌肉发生不自主的强直收缩所出现的一种现象。运动中腓肠肌最易发生痉挛，其次是足底的屈拇肌和屈趾肌。在运动中出现肌肉痉挛的原因通常有以下几个：肌肉受到寒冷的刺激，兴奋性突然增高，使肌肉发生强直收缩；运动中大量出汗，使大量电解质从汗液中丢失，造成电解质过低，引起肌肉兴奋性增高，发生肌肉痉挛；身体疲劳也会直接影响肌肉的生理功能，疲劳的肌肉往往因血液循环和能量代谢的改变，使体内环境发生改变，导致肌肉痉挛；准备活动不足或情绪过分紧张等，也会引起肌肉痉挛。肌肉痉挛的主要症状有以下几点：肌肉痉挛时肌肉僵硬，疼痛难忍，所涉及的关节屈伸功能受限；肌肉活动有一定障碍，产生无效收缩，且一时得不到缓解。

（二）处置与预防

1．处置

当运动中出现肌肉痉挛时，可采用相应的牵引动作将痉挛部位的肌肉拉长，并持续一定时间，使之得到缓解。牵引时用力要均匀、缓慢，切忌用暴力，以免造成肌肉拉伤。如小腿腓肠肌痉挛时，可伸直膝关节，同时勾紧脚尖，拉长痉挛的腓肠肌，并在痉挛肌肉部位做按摩，手法以揉捏、按压、叩击、拍打为主，帮助缓解痉挛。

2．预防

加强锻炼，提高身体的耐寒力和耐久力；运动前要做好热身活动，对易产生痉挛的部位，预先进行适当的拉伸或按摩；冬季运动要注意保暖，夏季运动（长时间运动）要适量补充盐分；游泳下水前，应先用冷水淋浴，不要在水中停留过长时间；饭后、饥饿和疲劳时，不要进行剧烈运动。

三、运动中腹痛

（一）原因与症状

腹痛是运动过程中一种常见的症状。运动中腹痛在长距离跑和持续运动时间过长项目的发生率较高，主要是因为跑前热身活动不充分，初始运动过于剧烈，或者跑得过快，内脏器官功能尚未达到最佳状态，致使呼吸功能和脏腑功能失调而引起的腹痛；也有的因为训练前吃得过饱或空腹，饮水过多或腹部受凉，引起的胃肠痉挛；少数因为运动时间过长或过于剧烈，使下腔静脉压力上升，引起血液回流受阻，或者因肝脾淤血，膈肌运动异常，致使两肋部胀痛。

（二）处置与预防

1．处置

如果没有器质性病变迹象，一般可采用减慢跑速、加深呼吸，或者用手按住疼痛部位，弯腰跑一段距离，腹痛现象即可减轻或消失。如果仍然疼痛，甚至加重，应暂时停止运动，按摩内关、足三里、三阴交等穴位，或者口服阿托品、颠茄等减缓痉挛的药物等，如仍不见效，则应迅速送医院做进一步检查治疗。

2．预防

预防运动腹痛可采取以下措施：一是保持良好的运动卫生习惯，一般在饭后

30 分钟以后方可进行运动，运动前不要吃得过饱，不要大量饮水；二是运动前要充分做好准备活动，运动量要渐进递增，并注意调整好动作与呼吸节奏；三是夏季运动时要适当地补充水分和盐分；四是对各种慢性疾病引起的腹痛应就医检查，病愈之前，应在医生和体育教师的指导下进行恢复性练习。

四、运动性昏厥

（一）原因与症状

昏厥是因脑供血不足而发生的暂时性知觉丧失现象。在夏天无风或湿度高的环境下进行剧烈和长时间的运动时，运动性昏厥发生率较高。其主要是因为剧烈运动体内热量不能有效散发，体温明显升高，以及长时间运动大量血液积聚在下肢，回心血量减少，引起脑组织供血减少和意识丧失。此外，还与剧烈运动后引起的低血糖有关。运动性昏厥主要表现为以下症状：轻者感到全身无力、站立不住、头晕耳鸣、眼前发黑等；重者昏倒后面色苍白、神志不清、手足发凉、脉搏微弱、血压下降、呼吸缓慢、瞳孔缩小等。

（二）处置与预防

1. 处置

现场处理时，应立即让患者平卧，足部略高于头部，并进行由小腿向大腿和心脏方向的按摩和拍击，同时用手点压人中、合谷等穴位，必要时给氨水闻嗅；如有呕吐，应将患者头偏向一侧；如停止呼吸，应立即进行人工呼吸；对于轻度休克者，可由同伴搀扶慢走一段时间，帮助和指导其进行呼吸，即可缓解症状。

2. 预防

平时要加强健身锻炼，增强体质，提高健康水平；一般体能练习后不要立即停下来，而应持续慢跑并调整呼吸再停下来，若感到虚弱可让他人帮扶走一段，以免昏倒；不要在饥饿或带病的情况下参加剧烈运动；久蹲后不要骤然起立，感到有头晕前兆时应即刻俯身低头或卧倒，以免摔伤。只要遵循上述要求，定期检查身体，进行科学锻炼，运动性昏厥的现象是可以避免的。

五、运动性中暑

（一）原因与症状

运动性中暑是指肌肉运动时产生的热量超过身体散发的热量而造成人体内的

过热状态。通常在高温环境下，进行剧烈或长时间的运动，容易发生运动中暑的现象。尤其在温度高，通风不良，头部缺乏保护，被烈日直接照射的情况下，最容易发生运动性中暑。运动性中暑的早期症状有头晕、头痛、呕吐等现象；因大量出汗使水、盐分等大量丢失，出现体温升高、皮肤灼热干燥。严重者可出现精神失常、虚脱、抽筋、心率失调、血压下降，甚至昏迷并危及生命。

（二）处置与预防

1. 处置

现场处理时，首先应将患者搀扶到阴凉通风处休息，同时采取降温消毒手段，如解开衣领，在头部、腋窝、腹股沟等处喷洒凉水或放置冰袋冷敷降温；给患者口服凉盐水或运动饮料，口服十滴水或藿香正气水，静脉注射生理盐水，便会有所好转；经过临时处理后，应迅速送医院做进一步检查和治疗。

2. 预防

在高温炎热的季节进行体能练习时，应适当减少运动量和练习时间，尽量避免在烈日下长时间活动；夏季户外运动时，应戴遮阳帽，穿较薄、宽敞、透气的运动服；夏季室内运动时，应保持良好的通风，并备有低糖含盐的水或饮料；运动中的补水原则是少量多次，不影响运动；身体疲劳或患病时，不宜安排和参加剧烈运动。

六、运动性贫血

（一）原因与症状

人血液中的红细胞及血红蛋白数量低于正常值的现象，称为贫血。因大运动量而导致血红蛋白量低于正常值的现象，称为运动性贫血。评定运动性贫血的指数为，男性的血红蛋白每 100 毫升血液中低于 12 克为贫血，女性的血红蛋白每 100 毫升血液中低于 10.5 克为贫血。一般情况下，女性的发病率高于男性。由于贫血能引起多种不良生理反应，危及健康，使得一些练习者常常恐惧运动，特别是害怕中长跑训练，这是不必要的。因为只要预防措施得当，运动性贫血完全可以避免。造成运动性贫血的原因有以下两种：一是由于运动时肌肉对蛋白质和铁的需求量增加，一旦需求量得不到满足时，即可引起运动性贫血。二是由于运动时脾脏释放的溶血卵磷脂能使红细胞渗透脆性增加，再加上剧烈运动时血液流动加快，易引起红细胞破裂，致使血液中红细胞的新生与衰亡之间的平衡遭到破坏，从而导致运动性贫血。运动性贫血发病缓慢，其症状表现为运动能力下降，运动时心悸、气促，严重时有头晕、恶心、呕吐、乏力、脸色苍白等问题；运动后会出现心率加快、记忆力减退、食欲差等问题。

（二）处置与预防

1. 处置

如果在运动中或运动后出现头晕、恶心、四肢无力等现象时，应适当减少练习量，必要时可暂停运动；日常要适量补充含蛋白质和铁的营养蔬菜、食品，或者口服硫酸亚铁等，这对缺铁性贫血的治疗有明显的效果。

2. 预防

合理地调整饮食和运动量。运动时若经常伴有头晕、恶心等不适现象，应及时就诊医治，以利于恢复和正常地参加体能练习，保持身体健康。

七、极点和第二次呼吸

（一）极点

极点是运动中人体反应的一种机能状态。通常在剧烈运动时，特别是在中长跑练习中，人体会发生一些失衡的机能变化，如呼吸困难、心跳加快、脸色苍白、肌肉酸痛、动作迟钝和协调性降低、不想继续运动等。这种机能状态在运动生理学上称为运动极点。产生极点的原因是运动初始阶段内脏器官惰性大，氧供应不足，满足不了肌肉活动的需要，致使酸性物质堆积在血液中，从而引起心肺活动的失调和活动功能的低落。极点的出现一般与运动强度大小有直接的关系，与运动能力也有一定的关系。运动强度骤然增加，极点就会出现。

（二）第二次呼吸

第二次呼吸也是运动中人体反应的一种机能状态。它是继极点出现后，因持续运动使体内恢复了平衡的机能变化。如内脏器官活动的惰性得到克服，活动机能提高，氧供应增加，血乳酸减少，运动器官和内脏器官活动之间的协调得到恢复，活动轻松有力，运动技能协调和自动化程度提高等。这些机能状态的变化，标志着极点已经有所克服，生理过程出现新的平衡。这种生理平衡过程，在运动生理学上称之为第二次呼吸。第二次呼吸出现后，人体各系统、器官的循环功能将稳定在较高的水平上。极点与第二次呼吸是长距离跑运动中常见的运动生理现象，无须焦虑和恐惧，只要坚持不懈地运动和调控处理，极点现象是可以减缓和适应的。

八、运动猝死

（一）原因

运动猝死是指运动中或运动后 1 小时内发生的非创伤性的意外死亡。发生运动猝死的原因是没有及时查出隐匿性心脏疾患，如冠心病、先天性心脏病、肥厚型心肌病、心肌炎、心律不齐等。在剧烈和持续长时间的运动中，如长距离跑、球类活动、举重等发生的猝死事件大多与心脏疾病有关。这是因为人体在进行强度较大的运动时，体内代谢速率加快，血液中儿茶酚胺水平提高，心肌需氧量增加，而运动时由于内脏器官的惰性，易出现心肌缺血缺氧，心肌因运动应激亦发生变化，继而发生心肌代谢紊乱，引起心肌梗死和严重的心律异常，直接导致心搏骤停，使运动者猝死。运动猝死在我国大、中、小学体育活动中偶有发生，应引起社会体育和学校体育的高度重视。

（二）预防

参加运动前必须进行体格检查，医务监督要做好。例如，医务人员询问运动者是否有先天性心脏病，是否有心脏疾患史，以确保运动者的安全；适量安排运动量和练习强度，运动中或运动后出现胸痛、胸闷、头痛、极度疲乏等症状，须立即终止活动，格外仔细观察和进行医学检查，并督促其休息，以预防其疾病的复发；疾病患者病愈后应避免参加剧烈运动，若要参加体育活动应按医生的嘱咐，在体育教师的指导下进行锻炼，以保障其健康；凡进行剧烈或较长时间运动时要有医务人员在场，并配备必要的急救设备，以防患于未然。

第三节　体能训练损伤的预防与处理

损伤是人体受到外力而发生的组织撕裂或损害。在运动中人体所发生的组织撕裂或损伤称为运动损伤。运动中的损伤与人们日常生活中或从事劳动等所发生的意外身体损害或伤害有所区别，并具有一定的特殊性。了解一些运动中损伤的发生原因和掌握一些预防、处置损伤方面的基本知识、操作方法，不仅有利于预防损伤或尽可能地避免损伤的发生，而且即便发生损伤也能及时采用急救措施，进行必要的处理，从而有效地保证体能训练的科学性和安全性。

一、运动损伤的原因

造成运动损伤的原因是多方面的，既与练习者的运动基础、身体状况、体能状态、运动能力有关，也与运动项目的特点、技术动作难度以及运动环境等因素有关。运动损伤发生后，轻度损伤不会影响运动；中度损伤就不能参加运动；重度损伤则需住院治疗。造成运动损伤的主要因素有以下几种。

第一，思想麻痹大意，是所有体能练习活动中造成运动伤害最主要的因素。其中包括练习前疏忽场地设备、运动器材的检查，服装、鞋等不符合练习要求，安全意识和预防措施不得力，好胜好奇、争强好斗，常常在盲目和冒失的行动中发生伤害。

第二，运动前准备活动不充分，思想上不重视，动作松散不到位，特别是缺乏针对性和专门性的准备活动，使得运动器官和内脏器官机能未能达到适宜的运动状态而造成运动损伤。

第三，运动情绪低落或在畏难、恐惧、害羞、犹豫以及过度紧张时容易发生运动伤害事故；缺乏运动经验、缺乏自我保护意识和运动调控能力也极易发生运动损伤，如摔倒时直臂撑地，往往会造成肘关节或小臂损伤。

第四，运动内容组合不科学，练习方法不合理，纪律涣散、动作模糊、要领不明以及技术上的错误等，都可能造成运动损伤。如腾空落地时直腿落地，易造成腰部、膝关节的损伤；做前滚翻时，因头部不正而发生颈部扭伤。

第五，经常性的练习量过大、运动过频，以及练习中负荷增加得太快，或因练习过度引起疲劳而造成损伤。有时因伤势未愈就急于承受过度负荷的练习，不仅会加重损伤的程度，还会造成新的损伤。

第六，练习场地狭窄，地面不平坦，运动器械安置不当或不牢固；空气污染、噪声大、光线暗、气温过高或过低，以及练习者拥挤或多种运动项目混在一起进行练习，不仅容易发生伤害事故，有时还会直接或间接地造成运动损伤。

二、体能训练损伤预防

在体能训练中，如果不重视运动损伤的预防工作，不采取积极有效的预防措施，就有可能发生这样或那样的伤害事故或运动损伤，轻者影响学习、工作，使行动不便，重者造成身体残疾甚至危及生命，并给个人、家庭和社会带来不可估量的损失。因此，预防运动损伤对推动体能训练活动的开展有着重要的意义和促进的作用。

第一，加强体能训练的安全教育，组织纪律教育，克服麻痹思想，提高预防运动损伤的意识；培养团结友爱、相互帮助、相互协作、相互保护的团队精神。

第二，认真做好运动前的准备活动和运动后的整理活动，对有可能发生运动损伤的环节和易受伤的部位，及时采取主动保护、预防措施，尽量避免一些运动中的损伤。

第三，合理地组织安排练习内容，科学地安排运动量，渐进地进行体能训练，可预防或防止局部运动器官和内脏器官机能负担过重或出现过度训练疲劳现象。

第四，加强保护与帮助，特别要提高练习者的自我保护能力。如由高处跳下时，应用前脚掌着地，注意屈膝、并腿、弯腰、两臂自张开，以利于缓冲和保持身体平衡。摔倒时，应立即屈臂低头，顺势团身滚动，切不可直臂或肘部撑地。

第五，加强医务监督，严格禁止伤病患者或缺乏运动的人参加剧烈的体能训练；每次练习前须对练习场地、设备、器材等进行必要的安全检查，做到防患于未然。

三、体能训练损伤处理

（一）软组织损伤

软组织损伤可以分为开放性损伤和闭合性损伤两类。其中开放性损伤有擦伤、撕裂伤、刺伤等，闭合性损伤有挫伤、肌肉拉伤、肌腱腱鞘炎等。

1. 擦伤

（1）原因与症状：擦伤是运动时因摩擦而引起的皮肤擦破伤。如跑步、打球摔倒，身体接触地面后被擦破皮肤出血或组织液渗出。

（2）处理方法：小面积的擦伤，用红药水涂抹伤口即可；大面积的擦伤，应先用生理盐水洗净伤口，然后涂抹红药水，再用消毒布覆盖，最后用纱布包扎。

2．撕裂伤

（1）原因与症状：撕裂伤是在剧烈、紧张运动时，或受到突然强烈的撞击，造成表层皮肤或肌肉撕裂。撕裂伤有开放伤和闭合伤两种，常见的有眉际撕裂、跟腱撕裂等。开放伤顿时出血，伤口周围肿胀；闭合伤触及时有凹陷感和疼痛感。

（2）处理方法：轻度开放伤，用红药水涂抹伤口或用创可贴黏合即可；裂口较大时，则需要止血和缝合伤口，必要时注射破伤风抗毒血清，以防止破伤风，然后再包扎，如肌腱断裂，则需要手术缝合。

3．挫伤

（1）原因与症状：挫伤是因身体局部碰撞器械或运动者之间相互碰撞而造成的损伤。单纯性挫伤在损伤处出现红肿，皮下出血，并有疼痛感。内脏器官损伤时，则出现头晕、脸色苍白、心慌气短、出虚汗、四肢发凉、烦躁不安，甚至休克或危及生命。

（2）处理方法：在24小时内可采用冷敷或加压包扎，抬高患肢或外敷中药；24小时后，方可进行按摩或理疗。进入恢复期时，才可以进行一些适宜的功能性锻炼。如果怀疑有内脏损伤，在做完临时性处理后，应即刻送医院检查和治疗。

4．肌肉拉伤

（1）原因与症状：肌肉拉伤通常是在外力直接或间接作用下，迫使肌肉过度主动收缩或被动拉长时引起的肌肉牵拉或撕裂伤。值得提醒的是，因准备活动不充分，动作不协调，以及肌肉弹性、伸展性、肌力较差者极易发生肌肉损伤。肌肉伤处明显肿胀、压痛、肌肉痉挛，触诊时可摸到硬块。严重的肌肉拉伤可造成肌肉撕裂。

（2）处理方法：肌肉轻度拉伤时，可即刻冷敷，局部加压包扎，抬高患肢，24小时后可施行按摩或理疗；如果肌肉重度拉伤或完全断裂，在加压包扎急救后，则应迅速送往医院手术治疗。

（二）关节韧带扭伤

关节、韧带扭伤主要有关节脱位和关节扭伤两类。关节脱位是指某一关节的一块或多块骨头脱离正常的解剖位置。运动中的关节扭伤是指关节部位韧带的牵拉伤或撕裂伤。

1. 指间关节扭伤

（1）原因与症状：指间关节扭伤，一般是手指受到侧向外力的冲击迫使指关节过伸而造成的。如在篮球、排球活动中，由于传、接球的技术动作错误或手指过于僵直与过于放松被球撞击，造成手指侧副韧带或关节囊的牵拉伤或撕裂伤。其症状是伤指关节周围肿胀、疼痛剧烈、活动受限、屈伸不灵活。若关节明显变形，活动功能丧失，触摸时剧痛，则可能是关节脱位。

（2）处理方法：轻度扭伤时，可即刻冷敷，或者轻轻地牵引，然后用胶布将伤指与邻近手指一起固定，一般 3 天后，便可作伸屈活动，或者外擦红花油、舒活酒，或者做理疗、按摩。如果关节脱位，应立刻送往医院就诊复位。

2. 肩关节扭伤

（1）原因与症状：肩关节扭伤，一般是因肩关节用力过猛或反复劳损所致；也有因技术动作错误，违反解剖学原理而造成损伤。如投掷用力过猛，排球大力扣球，举重技术不正确，转肩超过关节活动的极限或有旧伤等，都会出现这类损伤。其症状是受伤部位有压痛、酸痛，急性期有肿胀，慢性期三角肌可能出现萎缩，肩关节活动受限。

（2）处理方法：单纯韧带扭伤时，可采用冷敷和加压包扎；24 小时后采用按摩、理疗和针灸治疗。当肩关节肿胀和疼痛减轻后，可适当地进行功能性恢复活动，但不宜过早、过量活动，以防止转入慢性病症。

3. 膝关节扭伤

（1）原因与症状：膝关节扭伤有内侧韧带损伤、外侧韧带损伤和半月板损伤。膝关节内侧韧带损伤是膝关节弯曲时，小腿突然外展外旋或脚和小腿固定时，大腿突然内收、内旋所致；膝关节外侧韧带损伤是膝关节弯曲时，小腿内收内旋，或脚固定时，大腿突然外展外旋所致；半月板损伤是膝关节在屈伸过程中同时有膝关节的扭转、内外翻动所致。膝关节扭伤的症状是膝关节周围肿胀、疼痛，扭伤部位有压痛，肌肉痉挛，活动受限，不能用力伸展膝关节，并有轻度跛行。若膝韧带完全断裂时，伤部可触及韧带断裂的凹陷，功能完全丧失。半月板受伤时，膝内常伴有清脆的摩擦声。

（2）处理方法：部分韧带轻度撕裂时，早期处理方法是局部外冷敷，加压包扎，抬高患肢，固定膝部，防止伤处继续出血，内服消肿止痛药。待 48 小时后方可进行按摩、理疗、热敷或外敷中药。若韧带完全断裂，先加压包扎固定后即刻送往医院，并尽早手术缝合。手术后按医嘱进行康复性医疗体育活动，并逐步恢复功能性锻炼。

4. 踝关节扭伤

（1）原因与症状：踝关节扭伤是运动中跳起落地时失去平衡，使踝关节过度地内翻或外翻所致。特别是在准备活动不充分、场地不平坦、运动鞋不适宜的情况下，极易造成这类损伤。其症状为伤处疼痛、肿胀，韧带损伤处有明显压痛、皮下淤血等。

（2）处理方法：受伤后，应立即冷敷，然后用绷带固定包扎，并抬高患肢；待 24 小时后，根据伤情采取综合治疗，如外敷伤药、理疗、按摩等，必要时进行封闭疗法。待伤势好转后，再进行适宜的功能性活动；对伤势严重患者，可用石膏固定。

5. 急性腰伤

（1）原因与症状：急性腰伤多为运动时身体重心不稳定或肌肉收缩不协调以及技术动作不正确，因腰部受力过重或脊柱运动时超过了正常生理活动范围所致。如举重上挺时过分挺胸塌腰，腾空落地时膝、踝关节未缓冲等，都有可能造成腰扭伤。腰伤后，疼痛难忍，活动受限，损伤部位有压痛，感觉酸、胀、痛、硬，且疼痛范围较大，行动不便。

（2）处理方法：腰部急性扭伤后，应让患者平卧，一般不要立即搬动。如果有剧烈疼痛，则要用担架送往医院诊治。处理后，应卧硬板床或腰后垫一枕头，使肌肉、韧带处于放松状态，也可以针灸、外敷伤药、按摩或理疗等。

（三）关节脱位

关节脱位也称"脱臼"，是指某关节的一块或多块骨头脱离正常的解剖位置。关节脱位可分为完全脱位和半脱位（或称错位）两种。

1. 原因与症状

运动中发生的关节脱位，一般是受到间接外力撞击所致。例如，摔倒后用手撑地引起的肘关节或肩关节脱位。外力的作用，使关节面失去了正常的连接关系导致脱位关节。严重的关节脱位，伴有关节囊撕裂。关节脱位后，常出现畸形，与健全的关节对比不对称，由于关节周围组织损伤、出血、压迫或牵扯神经，引起局部疼痛、压痛和关节周围肿胀，丧失正常的活动功能，甚至发生肌肉痉挛等现象。如肩关节脱位时出现"方肩"，肘关节脱位时鹰嘴向后突出。

2. 处理方法

关节发生脱位后可采用牵拉、端捺、回旋等手法将其复位，或者用长度和宽度相称的夹板固定伤肢。固定时如果没有夹板，可临时使用木板、纸板、树枝、绷带或布巾等，将伤肢固定在患者的躯干或健肢上，以防止震动颠簸，及时送往医院整复治疗。必须指出的是，如果没有把握做整复处理的条件或技术，切不可随意对伤者进行整复治疗，以免加重损伤，增加痛苦。

（四）骨折

在运动中骨骼或骨干因受到直接暴力、间接暴力或牵拉肌肉收缩力量过大等作用，使骨头的完整性遭到破坏性损伤或发生断裂，称为骨折。骨折又分为完全性骨折和不完全性骨折两种。

1. 原因与症状

运动中，身体某部位受到直接或间接的暴力撞击和牵拉时，易造成骨折。如摔倒时用手臂直接撑地引起的尺骨或桡骨骨折；踢球时小腿被踢造成的胫骨骨折；跌倒时造成的髌骨骨折等。骨折是较为严重的运动损伤，但发生率较低。常见的骨折有肱骨骨折、手臂骨折、手腕骨折、小腿骨折、肋骨骨折、脊柱骨折等。骨折发生后的主要症状是局部剧烈疼痛、肿胀、压痛，皮下淤血（骨和周围软组织的血管破裂所致），肌肉产生痉挛，肢体失去正常功能。完全骨折时骨折部位出现变形，伤肢变短或突出，移动时可听到骨摩擦声；严重骨折时，伴有出血和神经损伤、发烧、口渴甚至休克等全身性症状。

2. 处理方法

（1）防止休克。若伤者伴有休克时，先抗休克，再处理骨折。方法是点按人中穴，并进行口对口人工呼吸或心脏胸外按摩。

（2）现场固定。首先要了解伤情，避免移动伤肢，防止伤痛加重，减缓患者疼痛，便于伤者转送。若骨折有出血，固定前先止血后包扎，同时用夹板或其他替代物固定伤肢，再尽快、平稳地将其护送到医院处理。

（五）脑震荡

1. 原因与症状

脑震荡是指头部受到外力撞击后，使大脑管理平衡的膜半规管、椭圆囊、球囊等感受器功能失调，引起大脑意识和功能的暂时障碍。如在运动中发生两人头部相撞，或头部遭受重力击打、撞击，或跌倒时头部着地等，都可能造成脑震荡。致伤后的症状主要有神志不清、昏迷、脉搏徐缓、肌肉松弛、瞳孔放大、神经反射减弱或消失等。清醒后的症状反应有时常头晕、头痛、恶心、呕吐感，表现情绪烦躁、注意力不集中、耳鸣、心悸、多汗、失眠、记忆力减退等。

2. 处理方法

立刻让患者平卧，头部冷敷；若出现昏迷，即刻指压人中、内关、合谷穴；若呼吸发生障碍，则立即进行人工呼吸。上述处理后，如出现反复昏迷或耳鼻出血，两眼瞳孔放大，且不对称时，表明伤情严重，应立即护送医院治疗。在运送途中，要让患者平卧，头部固定，避免颠簸。而轻微的脑震荡一般都可自愈，无须住院，但要注意休息调理和必要的药物治疗，保持情绪稳定，减少脑力劳动。在恢复过程中，可定期或不定期地做脑震荡痊愈试验，以检查康复状况。其方法是闭目，单腿站立，两臂平举。如果能保持身体平衡，表明脑震荡已基本治愈。

四、体能训练损伤急救

所谓急救，泛指面对诸多创伤性的急、危、重症的发生，进行初步紧急救治的措施。运动损伤急救是指面对运动中意外或突然发生的伤病事故，急救者及时采取初步的或暂时性的救治措施进行紧急处理的方法。其目的在于保护伤者的生命安全，减缓痛苦，摆脱危险和预防并发症，为转送医院进一步治疗创造条件。一般经常采用的急救方法有止血、搬运、人工呼吸法等。

（一）止血法

止血是急救方法之一。出血是运动中因损伤而发生的。运动损伤出血有内出血和外出血两种。止血通常是指外出血，一般可分为毛细血管出血、静脉出血和动脉出血三种。毛细血管出血的血流量较少，血从伤口呈点状渗出；静脉出血，血呈暗红色，流速缓慢；动脉出血，血色鲜红，流速快，呈喷射状，流血量大，危险性大，应及时抢救。下面简略介绍几种急救止血法。

1. 冷敷法

冷敷法是一种物理疗法。它能使血管收缩，减少局部充血，降低组织温度，抑制神经感觉，具有止血、止痛和减缓局部肿胀的作用。最简便的冷敷方法是，用冷水浸泡伤处或用冷毛巾敷于伤处（3分钟左右换一次）；也可以用冰块或冰水装入热水袋或塑料袋进行冷敷（每次20～30分钟）；有条件的可用氯乙烷做局部喷射等。

2. 抬高伤肢法

抬高伤肢，可使伤口处血压降低，血流量减缓，具有控制出血或失血减少的作用。即便采用加压包扎后，仍要注意抬高伤肢。

3. 指压法

指压法有直接指压和间接指压两种方法。

（1）直接指压法。即用指腹直接压迫受伤部位。但由于手指直接触及伤口，容易引起感染，所以最好在伤口处敷上消毒纱布再施行指压为好。

（2）间接指压法。即用指腹压迫在出血动脉近端搏动的血管处。如能压迫在相应的骨头上更好，以阻止血流，达到止血的目的。

4. 止血带法

常用的止血带有皮管、布条、毛巾、皮带、鞋带等替代物。使用这些止血带进行止血时，应先将患肢抬高，然后在患处上方缚扎止血。缚扎时最好加垫，以防缚扎汰紧，造成肢体组织坏死。

5. 包扎法

常用的包扎法有绷带包扎法（如环行包扎法、螺旋形包扎法、反折螺旋形包扎法、"8"字形包扎法、三角巾包扎法等）。通过包扎，限制受伤肢体的活动，达到压迫止血、减少感染以及减轻疼痛的目的。

通常伤者经过现场急救后，应迅速、平稳、安全地返回休息地或送往医院治疗。搬运伤者的方法很多，经常采用的方法可归纳为以下几种。

1. 扶持法

急救者将伤者的一臂搭扶在自己的颈肩上，并拉握其手臂，另一手扶挽伤者的腰部。此法适用于神志清醒、伤势较轻，自己基本上能够步行的受伤者。

2. 抱托法

急救者一手抱住受伤者的背部，另一手托住其大腿或膝窝处，将伤者抱起，伤者的一臂搭扶在急救者的肩上。此法适用于神志清醒，但身体虚弱的受伤者。

3. 椅托法

两名急救者相对站立，用同侧的手相互握住对方的前臂，另一手相互搭在对方的肩上，像一把椅子，然后让伤者坐在"椅架"上，伤者的两臂分别搭在急救者的肩上。此法是用于短距离运送受伤者的一种方式。

4. 三人抱托法

三名急救者站在同一方向，合力将伤者托抱起来，并协调地搬运伤者。此法适用于体力严重衰弱和神志不清的受伤者。

5. 担架法与车辆运送法

急救时，可使用专用担架搬运伤者，也可以利用门板、阔长凳等替代物搬运伤者；车辆运送伤者的途中应防止大的震动和颠簸，尽可能保持平稳行驶。

（三）人工呼吸法

人工呼吸法是指用人工被动地扩张胸廓，维持肺部气体交换的一种急救方法，使呼吸困难或呼吸停止的伤者恢复呼吸，以抢救生命。如溺水、中暑、触电、中毒和窒息的伤者，呼吸虽已停止，但心搏仍然存在，或心搏刚停尚未确定死亡者，都可以立即采用人工呼吸进行抢救。人工呼吸法有口对口吹气法、仰卧压胸法、俯卧压背法等。通常采用口对口、仰卧压胸人工呼吸救助方法较为普及，效果也比较好。

1. 口对口吹气法

将患者仰卧，头部后仰，托起下颌，捏住鼻子，压住环状软骨（食道管），防止空气进入胃中。然后急救者深吸一口气，对准患者的嘴，将气吹入患者的口中，吹气后随即把捏住鼻子的手松开。如此反复进行。一般吹气频率每分钟16～18 次为宜，直至患者恢复自主呼吸为止。如果患者牙关叫紧，一时撬不开，则可采用口对鼻吹气法，进行时，应将其口闭住，其他操作相同。

2. 仰卧压胸法

将患者仰卧，急救者两腿分开，跪跨在患者的大腿两侧，两手上下重叠，用掌根置于患者的胸骨下半段处，借助于体重和肩背力量，均匀而有节奏地向胸部上后方施压，将空气压出肺脏，然后放松，让胸廓自行弹回吸入空气，如此反复进行。每分钟以 20～30 次的节律进行按压，直至恢复心脏跳动为止。

参考文献

[1] 徐本力. 运动训练学 [M]. 济南：山东教育出版社，1990.

[2] 曾凡辉. 运动员科学选材 [M]. 北京：人民体育出版社，1992.

[3] 王兴，司虎克. 体能训练的基本理论与基本原则研究 [J]. 中国体育教练员，2003（2）：4—5.

[4] 左群. 助运动员恢复疲劳的特殊营养物质 [J]. 中国体育教练员，2004（3）：16—1.

[5] 李之文. 体能概念探讨 [J]. 解放军体育学院学报，2001（3）：1—3.

[6] 冯炜权，冯连世，冯美云. 优秀运动员身体机能评定方法 [M]. 北京：人民体育出版社，2003.

[7] 万德光，万猛. 现代力量训练 [M]. 北京：人民体育出版社，2003.

[8] 王保成，杨汉雄. 竞技体育力量训练指导 [M]. 北京：人民体育出版社，2001.

[9] 朱慧. 三大营养物质在运动员饮食中的供能作用 [J]. 南京体育学院学报，2003（4）：12—14.

[10] 熊斗寅. 浅析"体能"概念 [J]. 解放军体育学院学报，2000（1）：1—3.

[11] 杨世勇. 体能训练学 [M]. 北京：高等教育出版社，2004.

[12] 唐思宗，杨世勇. 身体训练学 [M]. 成都；成都科技大学出版社，1992.

[13] 过家兴，等. 运动训练学 [M]. 北京：北京体育学院出版社，1986.

[14] 田麦久，武福全. 运动训练科学化探索 [M]. 北京：人民体育出版社，1988.

[15] 王宝成. 力量训练与运动机能强化指导 [M]. 西安：陕西人民教育出版社，1993.

[16] 袁运平. 我国高水平男子百米跑运动员体能训练理论体系的研究 [D]. 北京：北京体育大学，2002.

[17] 刘庆山. 体能训练基本理论与我国高水平篮球运动员体能训练研究 [D]. 北京：北京体育大学，2004.

[18] 罗素玉. 冷环境对运动员身体功能的影响 [J]. 中国临床康复，2005（20）：215.

[19] 郭廷栋. 竞技举重运动 [M]. 北京：人民体育出版社，1990.

[20] 田麦久. 运动训练学 [M]. 北京：人民体育出版社，2000.

[21] 延峰. 实用运动训练问答 [M]. 北京：人民体育出版社，1993.

[22] 张英波. 田径体能训练 [M]. 北京：人民体育出版社，2005.

[23] 全国体育运动委员会. 运动生理学 [M]. 北京：人民体育出版社，2000.

[24] 杨建昌. 运动生理学 [M]. 西安：西安地图出版社，2005.

[25] 全凯. 耐力性青少年运动营养的研究 [J]. 体育科技文献通报，2007 (12)：61－63.

[26] 田野. 运动生理学高级教程 [M]. 北京：高等教育出版社，2003.

[27] 赵宏阳. 力量训练和耐力训练的生理基础 [J]. 浙江体育科学，2008 (6)：100－104.

[28] 全国体育教材委员会. 运动生理学 [M]. 北京：人民体育出版社，2002.

[29] 杨仁光. 对少年儿童女子中长跑运动员速度与耐力训练的研究 [J]. 少儿体能训练，2009 (1)：28.

[30] 李高华. 篮球运动员专项耐力素质训练探讨 [J]. 湖北体育科技，2009 (3)：197－199.

[31] 燕国材. 身体素质教育论 [M]. 广州：广东教育出版社，2002.

[32] 李金龙，刘宗立. 社会体育概论 [M]. 南宁：广西师范大学出版社，2005.

[33] 杨世勇，李遵，唐照华，等. 体能训练学 [M]. 成都：四川科学技术出版社，2001.

[34] 马启伟，张力为. 体育运动心理学 [M]. 杭州：浙江教育出版社，1998.

[35] 张钧. 运动营养学 [M]. 北京：高等教育出版社，2006.

[36] 刘宏. 运动营养学 [M]. 合肥：安徽科学技术出版社，2005.

[37] 张钧，张蕴琨. 运动营养学 [M]. 北京：高等教育出版社，2006.

[38] 王劲鹏. 中长跑项目的运动营养方案 [J]. 田径，2005 (6)：54－55.

[39] 刘玉桥. 浅谈投掷项目的技术教学及运动营养恢复措施 [J]. 田径，2005 (9)：53－54.

[40] 列宁. 列宁全集 [M]. 中共中央马克思、恩格斯、列宁、斯大林著作编译局译. 北京：人民出版社，1955.

[41] 列宁. 哲学笔记 [M]. 中共中央马克思、恩格斯、列宁、斯大林著作编译局译. 北京：人民出版社，1993.